Lezzetli İspanyol Mutfağı

Tatlı Sürprizler ve Baharatlı Serüvenler

Emir Özdemir

ÖZET

BİBERLİ ÇİKOLATA ARMUT

İÇİNDEKİLER

150 gr çikolata

85 gr şeker

½ litre süt

4 armut

1 tarçın çubuğu

10 adet karabiber

İŞLEME

Armutları saplarını çıkarmadan soyun. Bunları süt, şeker, çubuk tarçın ve karabiberle birlikte 20 dakika pişirin.

Armutları çıkarın, sütü süzün ve çikolatayı ekleyin. Koyulaşana kadar sürekli karıştırarak azaltın. Armutları çikolata sosuyla birlikte servis edin.

YUVARLAK

Armutlar piştikten sonra uzunlamasına açıp çekirdeklerini çıkarın ve mascarpone ve şekerle süsleyin. Kapatın ve sezonlayın. Harika.

BİSKÜVİLİ ÜÇ ÇİKOLATALI KEK

İÇİNDEKİLER

150 gr beyaz çikolata

150 gr bitter çikolata

150 gr sütlü çikolata

450 ml krema

450 ml süt

4 yemek kaşığı tereyağı

1 paket Maria bisküvisi

3 poşet lor

İŞLEME

Bisküvileri ufalayıp tereyağını eritin. Bisküvileri tereyağıyla karıştırın ve çıkarılabilir bir kalıpta kekin tabanını yapın. 20 dakika kadar dondurucuda dinlenmeye bırakın.

Bu arada 150 gr sütü, 150 gr kremayı ve 150 gr çikolatalardan birini bir kapta ısıtın. Kaynamaya başlar başlamaz 1 poşet loru bir bardakta biraz sütle seyreltip kaptaki karışıma ekleyin. Tekrar piştiği anda çıkarın.

İlk çikolatayı bisküvi hamurunun üzerine koyun ve 20 dakika dondurucuda bekletin.

Aynı işlemi başka bir çikolatayla yapın ve onu ilk katın üzerine yerleştirin. Ve işlemi üçüncü çikolatayla tekrarlayın. Servise hazır olana kadar dondurucuda veya buzdolabında dinlenmeye bırakın.

Nane veya portakal gibi diğer çikolatalar da kullanılabilir.

İSVİÇRE BEZE

250 gr şeker

4 yumurta akı

Bir tutam tuz

Birkaç damla limon suyu

İŞLEME

Yumurta aklarını çubuklarla sert bir kıvama gelinceye kadar çırpın. Limon suyunu, bir tutam tuzu ve şekeri azar azar ve çırpmayı bırakmadan ekleyin.

Şekeri eklemeyi bitirdiğinizde 3 dakika daha çırpın.

YUVARLAK

Yumurta aklarının sertleşmesine point de pointe veya point de neige adı verilir.

FINDIKLI MUZ KREMALI KREP

İÇİNDEKİLER

100 gr un

25 gr tereyağı

25 gr şeker

1 ½ dl süt

8 yemek kaşığı fındık kreması

2 yemek kaşığı rom

1 yemek kaşığı pudra şekeri

2 muz

1 yumurta

½ poşet maya

İŞLEME

Yumurtayı, mayayı, romu, unu, şekeri ve sütü çırpın. 30 dakika kadar buzdolabında dinlenmeye bırakın.

Tereyağını yapışmaz bir tavada kısık ateşte ısıtın ve hamuru ince bir tabaka halinde tüm yüzeye yayın. Hafifçe kızarana kadar çevirin.

Muzları soyun ve dilimleyin. Her krepin üzerine 2 yemek kaşığı fındık kreması ve ½ muz sürün. Mendil şeklinde kapatın ve üzerine pudra şekeri serpin.

Krep önceden yapılabilir. Tüketildiğinde, her iki tarafını da biraz tereyağı ile bir tavada ısıtın.

ÇİKOLATA TABANLI LİMONLU KEK

İÇİNDEKİLER

400 ml süt

300 gr şeker

250 gr un

125 gr tereyağı

50 gr kakao

50 gr mısır nişastası

5 yumurta sarısı

2 limonun suyu

İŞLEME

Un, tereyağı, 100 gr şeker ve kakaoyu kumlu bir karışım elde edinceye kadar karıştırın. Daha sonra elinize yapışmayan bir hamur elde edene kadar su ekleyin. Bir kalıba dizin, bu kremayı dökün ve 170°C'de 20 dakika pişirin.

Alternatif olarak sütü ısıtın. Bu arada yumurta sarılarını ve kalan şekeri hafif beyazlaşana kadar çırpın. Daha sonra mısır nişastasını ekleyip sütle karıştırın. Koyulaşana kadar karıştırmayı bırakmadan ısıtın. Limon suyunu ekleyip karıştırmaya devam edin.

Pastayı toplayın, tabanını kremayla doldurun. Servis yapmadan önce 3 saat buzdolabında dinlenmeye bırakın.

Pastaya mükemmel bir tazelik dokunuşu vermek için limon kremasına birkaç nane yaprağı ekleyin.

TİRAMİSU

İÇİNDEKİLER

500 gr mascarpone

120 gr şeker

1 paket bisküvili bisküvi

6 yumurta

Amaretto (veya kızarmış rom)

1 uzun bardak kahve makinesi (tadına göre tatlandırılmış)

kakao tozu

tuz

İŞLEME

Yumurta aklarını ve sarılarını ayırın. Yumurta sarılarını çırpın ve şekerin yarısını ve mascarpone'yu ekleyin. Sarma hareketleriyle çırpın ve bir kenara koyun. Yumurta aklarını bir tutam tuzla sertleşinceye (veya sertleşinceye) kadar çırpın. Neredeyse çırpılacak hale geldiklerinde şekerin diğer yarısını ekleyin ve birleştirme işlemini tamamlayın. Yumurta sarılarını ve beyazlarını yumuşak ve saracak hareketlerle karıştırın.

Bisküvileri her iki tarafı da kahve ve liköre batırıp (çok ıslatmadan) bir kabın dibine dizin.

Bisküvilerin üzerine bir kat yumurta ve krem peynir sürün. Soletilla bisküvilerini tekrar ıslatıp hamurun üzerine dizin. Peynir ezmesiyle bitirin ve kakao tozuyla tozlayın.

Geceleri yiyin veya daha iyisi hazırlandıktan iki gün sonra yiyin.

INTXAURSALSA (CEVİZ KREMASI)

İÇİNDEKİLER

125 gr kabuklu ceviz

100 gr şeker

1 litre süt

1 küçük tarçın çubuğu

İŞLEME

Sütü tarçınla kaynatın ve şekeri ve doğranmış fındıkları ekleyin.

2 saat kısık ateşte pişirin ve servis etmeden önce soğumaya bırakın.

YUVARLAK

Sütlaçla benzer bir kıvama sahip olmalıdır.

SÜTLÜ MERENG

175 gr şeker

1 litre süt

1 limonun kabuğu

1 tarçın çubuğu

3 veya 4 yumurta akı

Toz tarçın

İŞLEME

Sütü tarçın çubuğu ve limon kabuğu rendesi ile kısık ateşte kaynamaya başlayıncaya kadar ısıtın. Hemen şekeri ekleyin ve 5 dakika daha pişirin. Kenara alıp buzdolabında soğumaya bırakın.

Soğuyunca yumurta aklarını sertleşinceye kadar çırpın ve sarma hareketleriyle sütü ekleyin. Öğütülmüş tarçınla servis yapın.

YUVARLAK

Rakipsiz bir granita için, dondurucuya koyun ve tamamen donuncaya kadar her saat başı bir çatalla kazıyın.

KEDİ DİLİ

350 gr un

250 gr tereyağı merhemi

250 gr pudra şekeri

5 yumurta akı

1 yumurta

Vanilya aroması

tuz

İŞLEME

Bir kaseye tereyağını, pudra şekerini, bir tutam tuzu ve biraz vanilya esansını koyun. İyice çırpın ve yumurtayı ekleyin. Çırpmaya devam edin ve çırpmaya devam ederken yumurta aklarını tek tek ekleyin. Unu çok fazla karıştırmadan bir kerede ekleyin.

Kremayı düz uçlu bir ağızlığa ayırın ve yaklaşık 10 cm'lik şeritler yapın. Hamurun genleşmesi için tabağı masaya vurun ve 200°C'de uçları altın rengi oluncaya kadar pişirin.

YUVARLAK

Birkaç kedi dili oluşturmak için hamura 1 yemek kaşığı hindistan cevizi tozu ekleyin.

TURUNCU BİSKÜVİ

İÇİNDEKİLER

220 gr un

200 gr şeker

4 yumurta

1 küçük portakal

maya üzerinde 1

Toz tarçın

220 gr ayçiçek yağı

İŞLEME

Yumurtaları şeker, tarçın, portakal kabuğu rendesi ve suyuyla karıştırın.

Yağı ekleyip karıştırın. Elenmiş un ve mayayı ekleyin. Bu karışımı 15 dakika dinlendirip cupcake kalıplarına dökün.

Fırını önceden 200°C'ye ısıtın ve pişene kadar 15 dakika pişirin.

YUVARLAK

Karışıma damla çikolata ekleyebilirsiniz.

LİMANLI KAVRU ELMA

80 gr tereyağı (4 parça halinde)

8 yemek kaşığı porto şarabı

4 yemek kaşığı şeker

4 adet pipin elma

Elmaları soyun. Şekeri doldurun ve üstüne tereyağı koyun.

175°C'de 30 dakika pişirin. Bu sürenin sonunda her elmaya 2 yemek kaşığı porto şarabı serpin ve 15 dakika daha pişirin.

Bir kepçe vanilyalı dondurma ile sıcak olarak servis yapın ve salıverdikleri meyve suyunu gezdirin.

PİŞMİŞ BEZE

İÇİNDEKİLER

400 gr toz şeker

100 gr pudra şekeri

¼ litre yumurta akı

damla limon suyu

İŞLEME

Yumurta aklarını limon suyu ve şekerle benmari usulü iyice karışana kadar çırpın. Ocaktan alıp çırpmaya devam edin (sıcaklık düştükçe beze koyulaşacaktır).

Pudra şekerini ekleyin ve beze tamamen soğuyana kadar çırpmaya devam edin.

YUVARLAK

Pastaları kaplamak ve süslemeler yapmak için kullanılabilir. Yumurta beyazının koyulaşmaması için 60 ºC'yi geçmeyin.

KREM

İÇİNDEKİLER

170 gr şeker

1 litre süt

1 yemek kaşığı mısır nişastası

8 yumurta sarısı

1 limonun kabuğu

Tarçın

İŞLEME

Sütü limon kabuğu rendesi ve şekerin yarısı ile kaynatın. Kaynayınca kapağını kapatın ve ocaktan alıp dinlenmeye bırakın.

Ayrı bir kapta yumurta sarılarını kalan şeker ve mısır nişastasıyla çırpın. Kaynamış sütün dörtte birini ekleyip karıştırmaya devam edin.

Yumurta sarısı karışımını sütün geri kalanına ekleyin ve sürekli karıştırarak pişirin.

İlk kaynamada çırpma teli ile 15 saniye kadar çırpın. Ateşten alın ve 30 saniye daha çırpmaya devam edin. Filtreleyin ve soğumaya bırakın. Tarçın serpin.

YUVARLAK

Aromalı muhallebi, çikolata, ezilmiş bisküvi, kahve, rendelenmiş hindistan cevizi vb. yapmak için istediğiniz aromayı ocaktan alıp sıcakken eklemeniz yeterlidir.

PANNA COTTA VİOLALI ŞEKER

İÇİNDEKİLER

150 gr) Şeker

100 gr mor tatlılar

½ litre krema

½ litre süt

9 jelatin tabaka

İŞLEME

Jelatin tabakalarını soğuk suyla nemlendirin.

Krema, süt, şeker ve karamelleri bir tencerede eriyene kadar ısıtın.

Ateşten alındıktan sonra jelatini ekleyin ve tamamen eriyene kadar karıştırın.

Kalıplara dökün ve buzdolabında en az 5 saat saklayın.

YUVARLAK

Bu tarifi kahve şekerleri, karamel vb. ekleyerek çeşitlendirebilirsiniz.

NARENCİYELİ BİSKÜVİ

İÇİNDEKİLER

220 gr yumuşatılmış tereyağı

170 gr un

55 gr pudra şekeri

35 gr mısır nişastası

5 gr portakal kabuğu

5 gr limon kabuğu rendesi

2 yemek kaşığı portakal suyu

1 yemek kaşığı limon suyu

1 yumurta beyazı

Vanilya aroması

İŞLEME

Tereyağı, yumurta akı, portakal suyu, limon suyu, narenciye kabuğu rendesi ve bir tutam vanilya özünü çok yavaş bir şekilde karıştırın. Elenmiş un ve mısır nişastasını karıştırıp ekleyin.

Hamuru halka uçlu bir nozüle yerleştirin ve pişirme kağıdına 7 cm'lik daireler çizin. 175°C'de 15 dakika pişirin.

Bisküvilerin üzerine pudra şekeri serpin.

Karışıma öğütülmüş karanfilleri ve zencefili ekleyin. Sonuç mükemmel.

MANGA MAKARNA

550 gr un

400 gr yumuşatılmış tereyağı

200 gr pudra şekeri

125 gr süt

2 yumurta

Vanilya aroması

tuz

İŞLEME

Unu, şekeri, bir tutam tuzu ve bir tutam vanilya özünü karıştırın. Çok soğuk olmayan yumurtaları teker teker ekleyin. Hafif ılık sütü ıslatın ve elenmiş unu ekleyin.

Hamuru halka ağızlı bir memeye yerleştirin ve bir kısmını pişirme kağıdına dökün. 180°C sıcaklıkta 10 dakika pişirin.

YUVARLAK

Dışına toz badem ekleyebilir, çikolataya batırabilir veya kiraz ekleyebilirsiniz.

YOĞURT KEK

İÇİNDEKİLER

375 gr un

250 gr sade yoğurt

250 gr şeker

1 poşet kabartma tozu

5 yumurta

1 küçük portakal

1 limon

125 gr ayçiçek yağı

İŞLEME

Yumurta ve şekeri mikserle 5 dakika kadar çırpın. Yoğurt, yağ, narenciye kabuğu rendesi ve meyve suyuyla karıştırın.

Unu ve mayayı eleyip yoğurda ekleyin.

Bir kalıbı yağlayıp unlayın. Karışımı dökün ve 165 °C'de yaklaşık 35 dakika pişirin.

YUVARLAK

Farklı kurabiyeler yapmak için aromalı yoğurt kullanın.

BİBERİYE İLE MUZ KOMPOSTESİ

İÇİNDEKİLER

30 gr tereyağı

1 dal biberiye

2 muz

İŞLEME

Muzları soyun ve dilimleyin.

Bunları bir tencereye koyun, kapağını kapatın ve çok kısık ateşte tereyağı ve biberiyeyle muz komposto gibi görünene kadar pişirin.

YUVARLAK

Bu komposto hem domuz pirzolası hem de çikolatalı pandispanya ile uyumludur. Daha tatlı hale getirmek için pişirme sırasında 1 yemek kaşığı şeker ekleyebilirsiniz.

KREM BRULE

100 gr şeker kamışı

100 gr beyaz şeker

400 cl krema

300 cl süt

6 yumurta sarısı

1 vanilya çubuğu

İŞLEME

Vanilya çubuğunu açın ve çekirdeklerini çıkarın.

Sütü beyaz şeker, yumurta sarısı, krema ve vanilya çubuklarıyla bir kapta çırpın. Bireysel kalıpları bu karışımla doldurun.

Fırını önceden 100°C'ye ısıtın ve benmari usulü 90 dakika pişirin. Soğuduktan sonra üzerine esmer şeker serpin ve bir meşaleyle yakın (veya fırını ızgara modunda yüksek ısıya getirin ve şeker hafifçe yanana kadar pişirin).

YUVARLAK

Lezzetli bir kakaolu crème brûlée için kremaya veya süte 1 çorba kaşığı hazır kakao ekleyin.

KREMA DOLGULU ÇİNGENE KOLLARI

İÇİNDEKİLER

250 gr çikolata

125 gr şeker

½ litre krema

Soletilla bisküvisi (Tatlılar bölümüne bakınız)

İŞLEME

Soletilla ile pandispanya yapın. Krem şanti ile doldurup kendi üzerine yuvarlayın.

Bir tencerede şekeri 125 gr su ile kaynatın. Çikolatayı ekleyin, karıştırmayı bırakmadan 3 dakika boyunca erimesini bekleyin ve rulonun üzerini kapatın. Servis yapmadan önce dinlenmeye bırakın.

YUVARLAK

Daha eksiksiz ve lezzetli bir tatlının tadını çıkarmak için şuruptaki kremaya meyve parçaları ekleyin.

YUMURTA Böreği

İÇİNDEKİLER

200 gr şeker

1 litre süt

8 yumurta

İŞLEME

Düşük ateşte ve karıştırmadan şekerle karamel yapın. Kızarmış bir renk aldığında ocaktan alın. Bireysel tartlara veya herhangi bir kalıba dağıtın.

Süt ve yumurtaları köpük oluşumunu önleyerek çırpın. Kalıplara yerleştirmeden önce görünüyorsa tamamen çıkarın.

Karamelin üzerine dökün ve çift kazanda 165°C'de yaklaşık 45 dakika veya iğne temiz çıkana kadar pişirin.

YUVARLAK

Aynı tarif lezzetli bir puding yapmak için de kullanılır. Önceki günkü kruvasanları, kekleri, bisküvileri... karışıma ekleyin.

ÇİLEKLİ CAVA JELİ

500 gr şeker

150 gr çilek

1 şişe köpüklü şarap

½ poşet jelatin kağıdı

İŞLEME

Cava ve şekeri bir tencerede ısıtın. Daha önce soğuk suda ıslatılan jelatini ocaktan alın.

Martini bardaklarında çileklerle birlikte servis yapın ve soğuyana kadar buzdolabında bekletin.

YUVARLAK

Ayrıca herhangi bir tatlı şarap ve kırmızı meyvelerle de yapılabilir.

çörekler

İÇİNDEKİLER

150 gr un

30 gr tereyağı

250 ml süt

4 yumurta

1 limon

İŞLEME

Sütü ve tereyağını limon kabuğu rendesiyle birlikte kaynatın. Kaynayınca kabuğunu çıkarın ve unu bir kerede ekleyin. Isıyı kapatın ve 30 saniye karıştırın.

Tekrar ateşe verin ve karışım kabın duvarlarına yapışıncaya kadar bir dakika daha karıştırın.

Karışımı bir kaseye dökün ve yumurtaları birer birer ekleyin (önceki hamurla iyice karışana kadar bir sonrakini eklemeyin).

Sıkma torbası veya 2 yemek kaşığı kullanarak donutları küçük porsiyonlar halinde kızartın.

YUVARLAK

Krema, krema, çikolata vb. ile doldurulabilir.

SAINT JOHN'UN KOLASI

İÇİNDEKİLER

350 gr un

100 gr tereyağı

40 gr çam fıstığı

250 ml süt

1 poşet kabartma tozu

1 limon kabuğu rendesi ve

3 yumurta

şeker

tuz

İŞLEME

Unu ve mayayı eleyin. Karıştırın ve bir volkan yapın. Ortasına kabuğu rendesini, 110 gr şekeri, tereyağını, sütü, yumurtayı ve bir tutam tuzu koyun. Hamur elinize yapışıncaya kadar iyice yoğurun.

İnce dikdörtgen bir şekil elde edene kadar merdaneyle açın. Bunları pişirme kağıdıyla kaplı bir fırın tepsisine yerleştirin ve 30 dakika mayalanmaya bırakın.

Kokanın üzerine yumurta sürün, üzerine çam fıstığı ve 1 yemek kaşığı şeker serpin. 200°C'de yaklaşık 25 dakika pişirin.

BOLONYA SOSU

600 gr doğranmış domates

500 gr kıyma

1 bardak kırmızı şarap

3 havuç

2 sap kereviz (isteğe bağlı)

2 diş sarımsak

1 soğan

Origan

şeker

Zeytin yağı

Tuz ve biber

İŞLEME

Soğanı, sarımsağı, kereviz saplarını ve havuçları ince ince doğrayın. Kahverengileştirin ve sebzeler yumuşayınca eti ekleyin.

Etin pembe rengi kaybolduğunda baharatlayın ve şarabı ekleyin. Yüksek ateşte 3 dakika kadar kaynamaya bırakın.

Ezilmiş domatesi ekleyip kısık ateşte 1 saat pişirin. Sonunda tuz ve şekeri ekleyin ve tadına kekik ekleyin.

Bolognese her zaman makarnayla anılır ama pirinç pilavıyla birlikte çok lezzetli olur.

55

BEYAZ SUYU (TAVUK VEYA DANA DANA)

İÇİNDEKİLER

1 kg dana veya tavuk kemiği

1 dl beyaz şarap

1 sap kereviz

1 dal kekik

2 karanfil

1 defne yaprağı

1 adet temizlenmiş pırasa

1 adet temizlenmiş havuç

½ soğan

15 adet karabiber

İŞLEME

Tüm malzemeleri bir tencereye koyun. Üzerini suyla doldurup orta ateşte pişirin. Kaynamaya başlayınca suyunu süzün. 4 saat pişirin.

Süzüp başka bir kaba aktarın. Hızlı bir şekilde buzdolabında rezerve edin.

YUVARLAK

Kullanmadan önce tuzlamayın çünkü bozulması daha kolaydır. Soslar, çorbalar, pirinç yemekleri, güveçler vb. yapımında temel stok olarak kullanılır.

DOMATES

İÇİNDEKİLER

1 kg domates

120 gr soğan

2 diş sarımsak

1 dal biberiye

1 dal kekik

şeker

1 dl zeytinyağı

tuz

İŞLEME

Soğanları ve sarımsakları küçük parçalar halinde kesin. Bir tencerede 10 dakika kadar hafifçe kavurun.

Kiraz domatesleri kesin ve aromatik otlarla birlikte tavaya ekleyin. Domatesler suyunu çekene kadar pişirin.

Tuz ekleyin ve gerekirse şekeri düzeltin.

YUVARLAK

Önceden hazırlanıp buzdolabında hava geçirmez bir kapta saklanabilir.

ROBERTO SOS

İÇİNDEKİLER .

200 gr taze soğan

100 gr tereyağı

½ litre et suyu

¼ litre beyaz şarap

1 yemek kaşığı un

1 yemek kaşığı hardal

Tuz ve biber

İŞLEME

Doğranmış soğanı tereyağında kavurun. Unu ekleyip 5 dakika kadar hafif kavurun.

Isıyı artırın, şarabı dökün ve sürekli karıştırarak yarı yarıya azaltın.

Et suyunu ekleyip 5 dakika daha pişirin. Ateşten alındıktan sonra hardalı ekleyip tuz ve karabiberle tatlandırın.

YUVARLAK

Domuz etinin eşlik etmesi idealdir.

PEMBE SOS

250 gr mayonez sosu (Et suları ve soslar bölümüne bakın)

2 yemek kaşığı ketçap

2 yemek kaşığı konyak

½ portakal suyu

Tabasco

Tuz ve biber

İŞLEME

Mayonez, ketçap, brendi, meyve suyu, bir tutam Tabasco, tuz ve karabiberi karıştırın. Pürüzsüz bir sos elde edene kadar iyice çırpın.

YUVARLAK

Sosu daha homojen hale getirmek için ½ yemek kaşığı hardal ve 2 yemek kaşığı sıvı krema ekleyin.

BALIK ÇANTASI

İÇİNDEKİLER

500 gr beyaz balık kılçığı veya kafası

1 dl beyaz şarap

1 dal maydanoz

1 pırasa

½ küçük soğan

5 adet karabiber

İŞLEME

Tüm malzemeleri bir tencereye koyun ve üzerini 1 litre soğuk suyla doldurun. Orta ateşte köpürmeyi durdurmadan 20 dakika kaynatın.

Filtreleyin, kabı değiştirin ve hızla buzdolabında saklayın.

YUVARLAK

Kullanmadan önce tuzlamayın çünkü bozulması daha kolaydır. Sosların, pirinç yemeklerinin, çorbaların vb. temelini oluşturur.

ALMAN SOSU

İÇİNDEKİLER

35 gr tereyağı

35 gr un

2 yumurta sarısı

½ l et suyu (balık, et, kümes hayvanları vb.)

tuz

İŞLEME

Unu tereyağında kısık ateşte 5 dakika kadar kavurun. Et suyunu bir kerede ekleyin ve orta ateşte sürekli karıştırarak 15 dakika daha pişirin. Tuzlu sezon.

Ateşten alın ve çırpmayı bırakmadan yumurta sarısını ekleyin.

YUVARLAK

Yumurta sarılarının kesilmesini önlemek için çok fazla ısıtmayın.

Cesur Sos

750 gr kızarmış kiraz domates

1 küçük bardak beyaz şarap

3 yemek kaşığı sirke

10 çiğ badem

10 biber

5 dilim ekmek

3 diş sarımsak

1 soğan

şeker

Zeytin yağı

tuz

İŞLEME

Bir tavada sarımsağın tamamını kavurun. Kaldırın ve rezerve edin. Bademleri de aynı yağda kavurun. Kaldırın ve rezerve edin. Ekmeği aynı tavada kızartın. Kaldırın ve rezerve edin.

Aynı yağda jülyen doğranmış soğan ve biberleri kavurun. Kaynayınca sirke ve bir kadeh şarapla ıslatın. Yüksek ateşte 3 dakika kadar kaynamaya bırakın.

Domates, sarımsak, badem ve ekmeği ekleyin. 5 dakika pişirin, karıştırın ve gerekirse tuz ve şeker ekleyin.

Ayrı buz tepsilerinde dondurulabilir ve yalnızca ihtiyaç duyulduğunda kullanılabilir.

SİYAH BULYON (TAVUK VEYA DANA ETİ)

5 kg dana veya tavuk kemiği

500 gr domates

250 gr havuç

250 gr pırasa

125 gr soğan

½ litre kırmızı şarap

5 litre soğuk su

1 dal pio

3 defne yaprağı

2 dal kekik

2 dal biberiye

15 adet karabiber

İŞLEME

Kemikleri 185°C'de hafifçe kızarana kadar pişirin. Temizlenmiş ve kesilmiş sebzeleri aynı tavaya orta parçalar halinde ekleyin. Sebzeleri kahverengileştirin.

Kemikleri ve sebzeleri geniş bir tencereye koyun. Şarabı ve otları ekleyin, ardından suyu ekleyin. Ara sıra süzerek kısık ateşte 6 saat pişirin. Filtreleyin ve soğumaya bırakın.

YUVARLAK

Birçok sosun, güvecin, risottonun, çorbanın vb. temelini oluşturur. Et suyu soğuduktan sonra yağ üstte katılaşmış halde kalır. Bu, çıkarılmasını kolaylaştırır.

PICON MOJO

İÇİNDEKİLER

8 yemek kaşığı sirke

2 çay kaşığı kimyon tohumu

2 çay kaşığı tatlı kırmızı biber

2 baş sarımsak

3 adet acı biber

30 yemek kaşığı sıvı yağ

kaba tuz

İŞLEME

Kırmızı biber hariç tüm katı malzemeleri havanda macun kıvamına gelinceye kadar ezin.

Kırmızı biberi ekleyip püreye devam edin. Pürüzsüz ve emülsifiye bir sos elde edene kadar sıvıları yavaş yavaş ekleyin.

YUVARLAK

Meşhur buruşuk patateslere ve ızgara balıklara eşlik etmek için idealdir.

PESTO SOS

100 gr çam fıstığı

100 gr parmesan

1 demet taze fesleğen

1 diş sarımsak

tatlı zeytinyağı

Çam fıstıklarının çıtırlığını fark etmek için tüm malzemeleri çok homojen bırakmadan ezin.

Çam fıstığını cevizle, fesleğeni ise taze rokayla değiştirebilirsiniz. Başlangıçta harçla yapılmıştır.

TATLI VE EKŞİ SOS

İÇİNDEKİLER

100 gr şeker

100 ml sirke

50 ml soya sosu

1 limon kabuğu rendesi ve

1 portakalın kabuğu rendesi

İŞLEME

Şekeri, sirkeyi, soya sosunu ve narenciye kabuğu rendesini 10 dakika pişirin. Kullanmadan önce soğumaya bırakın.

YUVARLAK

Spring roll'lara mükemmel bir eşliktir.

YEŞİL MOJİTOLAR

İÇİNDEKİLER

8 yemek kaşığı sirke

2 çay kaşığı kimyon tohumu

4 adet yeşil biber topları

2 baş sarımsak

1 demet maydanoz veya kişniş

30 yemek kaşığı sıvı yağ

kaba tuz

İŞLEME

Bir macun oluşuncaya kadar tüm katıları birlikte karıştırın.

Pürüzsüz ve emülsifiye bir sos elde edene kadar sıvıları yavaş yavaş ekleyin.

YUVARLAK

Filmle kaplanıp buzdolabında birkaç gün sorunsuzca saklanabilir.

BESAMM SOSU

İÇİNDEKİLER

85 gr tereyağı

85 gr un

1 litre süt

küçük hindistan cevizi

Tuz ve biber

İŞLEME

Tereyağını bir tencerede eritin, unu ekleyin ve sürekli karıştırarak kısık ateşte 10 dakika pişirin.

Sütü bir kerede ekleyin ve 20 dakika daha pişirin. Karıştırmaya devam edin. Tuz, karabiber ve hindistan cevizi ile tatlandırın.

YUVARLAK

Topak oluşumunu önlemek için unu tereyağıyla birlikte kısık ateşte pişirin ve karışım neredeyse sıvı hale gelinceye kadar çırpmaya devam edin.

SOS AVCI

İÇİNDEKİLER

200 gr mantar

200 gr domates sosu

125 gr tereyağı

½ litre et suyu

¼ litre beyaz şarap

1 yemek kaşığı un

1 adet taze soğan

Tuz ve biber

İŞLEME

İnce doğranmış frenk soğanı tereyağında orta ateşte 5 dakika kızartın.

Temizlenmiş ve dörde bölünmüş mantarları ekleyip ateşi yükseltin. Suyunu çekene kadar 5 dakika daha pişirin. Unu ekleyin ve sürekli karıştırarak 5 dakika daha pişirin.

Şarabı dökün ve buharlaşmasına izin verin. Domates sosunu ve et suyunu ekleyin. 5 dakika daha pişirin.

YUVARLAK

Buzdolabında saklayın ve yüzeyde kabuk oluşmaması için üzerine ince bir tabaka tereyağı sürün.

AİOLİ SOS

İÇİNDEKİLER

6 diş sarımsak

Sirke

½ litre hafif zeytinyağı

tuz

İŞLEME

Sarımsakları tuzla birlikte havanda macun kıvamına gelinceye kadar ezin.

Kalın bir sos elde edene kadar havaneli ile sürekli karıştırarak yavaş yavaş yağı ekleyin. Sosun üzerine bir miktar sirke ekleyin.

YUVARLAK

Sarımsakları ezerken 1 yumurta sarısını eklerseniz sosu hazırlamak daha kolay olur.

AMERİKAN SOSU

150 gr karides

250 g karides ve karides karkasları ve kafaları

250 gr olgun domates

250 gr soğan

100 gr tereyağı

50 gr havuç

50 gr pırasa

½ litre balık suyu

1 dl beyaz şarap

½ dl konyak

1 yemek kaşığı un

1 seviye çay kaşığı sıcak kırmızı biber

1 dal kekik

tuz

İŞLEME

Domates hariç sebzeleri küçük parçalar halinde tereyağında haşlayın. Daha sonra kırmızı biberi ve unu kızartın.

Yengeçleri ve diğer kabuklu deniz hayvanlarının kafalarını kızartın ve konyak ile alevde pişirin. Yengeç kuyruklarını ayırın ve karkasları et suyuyla öğütün. Kabuk kalmayıncaya kadar 2 veya 3 kez süzün.

"

Sebzelere et suyu, şarap, dörde bölünmüş domates ve kekik ekleyin. 40 dakika pişirin, ezin ve tuzla tatlandırın.

75

YUVARLAK

Biber dolması, maymunbalığı veya balıklı börek için mükemmel sos.

ŞAFAK SOSU

İÇİNDEKİLER

45 gr tereyağı

½ litre kadifemsi sos (Et suları ve soslar bölümüne bakınız)

3 yemek kaşığı domates sosu

İŞLEME

Kadifemsi sosu kaynatın, kaşık domatesi ekleyin ve çırpma teli ile çırpın.

Ocaktan alıp tereyağını ekleyin ve iyice birleşene kadar karıştırmaya devam edin.

YUVARLAK

Acılı yumurtalara eşlik etmek için bu sosu kullanın.

BARBEKÜ SOSU

1 kutu kola

1 su bardağı domates sosu

1 bardak ketçap

½ bardak sirke

1 çay kaşığı kekik

1 çay kaşığı kekik

1 çay kaşığı kimyon

1 diş sarımsak

1 acı biber, doğranmış

½ soğan

Zeytin yağı

Tuz ve biber

İŞLEME

Soğanı ve sarımsağı küçük küçük doğrayıp az yağda kavurun. Yumuşak olunca domatesi, ketçapı ve sirkeyi ekleyin.

3 dakika pişirin. Acı biber ve baharatları ekleyin. Karıştırın, Coca-Cola'yı dökün ve koyu bir kıvam elde edene kadar pişirin.

Bu tavuk kanatları için mükemmel bir sostur. Ayrı buz tepsilerinde dondurulabilir ve yalnızca ihtiyaç duyulduğunda kullanılabilir.

BERNES SOS

250 gr sade tereyağı

1 dl tarhun sirkesi

1 dl beyaz şarap

3 yumurta sarısı

1 arpacık soğan (veya ½ küçük taze soğan)

Tarhun

Tuz ve biber

İŞLEME

Kıyılmış arpacık soğanını sirke ve şarapla birlikte bir tencerede ısıtın. Yaklaşık 1 yemek kaşığı kadar azaltın.

Tuzlu yumurta sarılarını benmari usulü çırpın. İki katına çıkana kadar şarap ve sirke azaltımının yanı sıra 2 yemek kaşığı soğuk su ekleyin.

Eritilmiş tereyağını yumurta sarılarına yavaş yavaş ekleyerek çırpmaya devam edin. Biraz doğranmış tarhun ekleyin ve benmari usulü maksimum 50°C'de bekletin.

YUVARLAK

Bu sosu çift kazanda kısık ateşte tutmak, kesilmemesi için önemlidir.

KARBONARA SOSU

İÇİNDEKİLER

200 gr pastırma

200 gr krema

150 gr parmesan

1 orta boy soğan

3 yumurta sarısı

Tuz ve biber

İŞLEME

Doğranmış soğanı kızartın. Kızarınca şeritler halinde kesilmiş pastırmayı ekleyin ve altın rengi oluncaya kadar ateşte bırakın.

Daha sonra kremayı, tuzu ve karabiberi ekleyip 20 dakika pişirin.

Ateşten alındıktan sonra rendelenmiş peyniri, yumurta sarısını ekleyip karıştırın.

YUVARLAK

Başka bir sefere ait artıklarınız varsa, ısıtıldıktan sonra bunu düşük ateşte yapın ve yumurtanın pıhtılaşmaması için çok uzun tutmayın.

ŞARKUTERA SOS

İÇİNDEKİLER

200 gr taze soğan

100 gr turşu

100 gr tereyağı

½ litre et suyu

125 cl beyaz şarap

125 cl sirke

1 yemek kaşığı hardal

1 yemek kaşığı un

Tuz ve biber

İŞLEME

Doğranmış soğanı tereyağında kavurun. Unu ekleyip 5 dakika kadar hafif kavurun.

Isıyı artırın, şarabı ve sirkeyi dökün ve sürekli karıştırarak yarıya kadar azaltın.

Et suyunu ve jülyen doğranmış turşuları ekleyip 5 dakika daha pişirin. Ateşten alıp hardalı ekleyin. Mevsim.

YUVARLAK

Bu sos yağlı etler için idealdir.

CUMBERLAND SOSU

150 gr frenk üzümü reçeli

½ dl liman

1 bardak koyu et suyu (Et suları ve soslar bölümüne bakın)

1 çay kaşığı toz zencefil

1 yemek kaşığı hardal

1 arpacık soğanı

½ portakal kabuğu

½ limon kabuğu rendesi

½ portakal suyu

½ limon suyu

Tuz ve biber

İŞLEME

Portakal ve limon kabuklarını jülyen şeritler halinde kesin. Soğuk suda pişirin ve 10 saniye kaynatın. İşlemi iki kez tekrarlayın. Boşaltın ve soğutun.

Arpacık soğanı ince ince doğrayın ve frenk üzümü reçeli, porto şarabı, et suyu, narenciye kabuğu rendesi ve suyu, hardal, zencefil, tuz ve karabiberle sürekli karıştırarak 1 dakika pişirin. Soğumaya bırakın.

Pate veya av eti yemeklerine eşlik etmek için mükemmel bir çeşnidir.

83

KÖRİ SOSU

İÇİNDEKİLER

200 gr soğan

2 yemek kaşığı un

2 yemek kaşığı köri

3 diş sarımsak

2 büyük domates

1 dal kekik

1 defne yaprağı

1 şişe hindistan cevizi sütü

1 elma

1 muz

Zeytin yağı

tuz

İŞLEME

Kıyılmış sarımsak ve soğanı yağda kızartın. Köriyi ekleyin ve 3 dakika pişirin. Unu ekleyin ve sürekli karıştırarak 5 dakika daha pişirin.

Dörde bölünmüş domatesleri, otları ve hindistancevizi sütünü ekleyin. 30 dakika kısık ateşte pişirin. Soyulmuş ve doğranmış elma ve muzu ekleyip 5 dakika daha pişirin. Tuzu öğütün, filtreleyin ve düzeltin.

Bu sosun kalorisini azaltmak için hindistancevizi sütünü yarı yarıya azaltın ve yerine tavuk suyu koyun.

SARIMSAKLI SOS

İÇİNDEKİLER

250 ml krema

10 diş sarımsak

Tuz ve biber

İŞLEME

Sarımsakları soğuk suda 3 kez haşlayın. Kaynatın, süzün ve soğuk suyu kaynatın. Bu işlemi 3 kez tekrarlayın.

Beyazlatıldıktan sonra kremayla aynı anda 25 dakika pişirin. Son olarak tuz ve karabiber serpin.

YUVARLAK

Her krem aynı değildir. Çok kalınsa biraz krema ekleyin ve 5 dakika daha pişirin. Çok sıvı ise daha uzun süre pişirin. Balık için mükemmeldir.

SADECE SOS

İÇİNDEKİLER

200 gr böğürtlen

25 gr şeker

250 ml İspanyol sosu (Et suları ve soslar bölümüne bakın)

100 ml tatlı şarap

2 yemek kaşığı sirke

1 yemek kaşığı tereyağı

Tuz ve biber

İŞLEME

Düşük ateşte şekerli karamel yapın. Sirkeyi, şarabı, böğürtlenleri ekleyip 15 dakika pişirin.

İspanyol sosunu dökün. Tuz ve karabiberle tatlandırın, karıştırın, süzün ve tereyağıyla birlikte kaynatın.

YUVARLAK

Oyun için mükemmel bir baharattır.

ELMA SOSU

250 ml krema

1 şişe elma şarabı

1 kabak

1 havuç

1 pırasa

tuz

İŞLEME

Sebzeleri çubuklar halinde kesin ve yüksek ateşte 3 dakika kızartın. Elma şarabını dökün ve 5 dakika boyunca azalmasını bekleyin.

Kremayı, tuzu ekleyin ve 15 dakika daha pişirin.

YUVARLAK

Izgara çipura filetosu veya bir dilim somon balığı ile mükemmel uyum sağlayacaktır.

DOMATES SOSU

1,5 kg olgun domates

250 gr soğan

1 bardak beyaz şarap

1 jambon kemiği

2 diş sarımsak

1 büyük havuç

Taze kekik

taze Biberiye

Şeker (isteğe bağlı)

tuz

İŞLEME

Soğanı, sarımsağı ve havucu jülyen şeritler halinde kesin ve orta ateşte kızartın. Sebzeler yumuşayınca kemiği ekleyin ve şarabı ekleyin. Isıyı açın.

Dörde bölünmüş domatesleri ve aromatik otları ekleyin. 30 dakika pişirin.

Kemiği ve otları çıkarın. Gerekirse ezin, süzün ve tuz ve şeker ekleyin.

YUVARLAK

Her zaman lezzetli ev yapımı domates sosunun elinizin altında olması için ayrı buz tepsilerinde dondurun.

PEDRO XIMENEZ ŞARAP SOSU

İÇİNDEKİLER

35 gr tereyağı

250 ml İspanyol sosu (Et suları ve soslar bölümüne bakın)

75 ml Pedro Ximenez şarabı

Tuz ve biber

İŞLEME

Şarabı orta ateşte 5 dakika ısıtın. İspanyol sosunu ekleyin ve 5 dakika daha pişirin.

Koyulaştırmak ve parlaklık kazandırmak için ateşi kapatın ve doğranmış soğuk tereyağını ekleyip karıştırın. Mevsim.

YUVARLAK

Porto şarabı gibi herhangi bir tatlı şarapla yapılabilir.

KREMA SOSU

İÇİNDEKİLER

½ litre beşamel (bkz. Et suları ve soslar bölümü)

200 cl krema

½ limon suyu

İŞLEME

Beşameli kaynatın ve kremayı ekleyin. Yaklaşık 400 cl sos elde edene kadar pişirin.

Ateşten alındıktan sonra limon suyunu ekleyin.

YUVARLAK

Balıkları ve doldurulmuş yumurtaları gratine etmek, baharatlamak için idealdir.

MAYONEZ MAYONEZ

İÇİNDEKİLER

2 yumurta

½ limon suyu

½ litre hafif zeytinyağı

Tuz ve biber

İŞLEME

Yumurtaları ve limon suyunu karıştırma bardağına koyun.

Mikser 5 ile çırpın, çırpmayı bırakmadan yavaş yavaş yağı ekleyin. Tuz ve karabiberle tatlandırın.

YUVARLAK

Ezerken kendinizi kesmemeniz için, diğer malzemelerle birlikte blender bardağına 1 yemek kaşığı sıcak su ekleyin.

YOĞURT VE DEREPE SOSU

20 gr soğan

75 ml mayonez sosu (et suları ve soslar bölümüne bakınız)

1 yemek kaşığı bal

2 yoğurt

Dereotu

tuz

İŞLEME

Dereotu hariç tüm malzemeleri pürüzsüz hale gelinceye kadar karıştırın.

Dereotunu ince ince kıyıp sosa ekleyin. Tuzu çıkarın ve düzeltin.

YUVARLAK

Kızarmış patates veya kuzu etinin yanında mükemmeldir.

ŞEYTAN SOSU

İÇİNDEKİLER

100 gr tereyağı

½ litre et suyu

3 dl beyaz şarap

1 adet taze soğan

2 biber

tuz

İŞLEME

Soğanı küçük parçalar halinde kesin ve yüksek sıcaklıkta soteleyin. Acı biberi ekleyin, şarapla karıştırın ve hacmini yarıya indirin.

Et suyunu dökün, 5 dakika daha pişirin, tuz ve baharatları ekleyin.

Ocaktan alıp çok soğuk tereyağını ekleyin ve karışım kalın ve parlak oluncaya kadar bir çırpma teli ile karıştırın.

YUVARLAK

Bu sos tatlı şarapla da yapılabilir. Sonuç mükemmel.

İSPANYOL SOSU

30 gr tereyağı

30 gr un

1 litre et suyu (azaltılmış)

Tuz ve biber

İŞLEME

Unu tereyağında hafif kavrulmuş bir ton elde edinceye kadar kavurun.

Kaynayan et suyunu sürekli karıştırarak dökün. 5 dakika pişirin ve tuz ve karabiberle tatlandırın.

YUVARLAK

Bu sos birçok hazırlığın temelini oluşturur. Mutfakta temel sos diye buna denir.

HOLLANDA SOSU

250 gr tereyağı

3 yumurta sarısı

¼ limon suyu

Tuz ve biber

İŞLEME

Tereyağını eritmek için.

Yumurta sarılarını biraz tuz, karabiber, limon suyu ve 2 yemek kaşığı soğuk su ile hacmi iki katına çıkana kadar benmari usulü çırpın.

Eritilmiş tereyağını yumurta sarılarına yavaş yavaş ekleyerek çırpmaya devam edin. Benmariyi maksimum 50°C sıcaklıkta saklayın.

YUVARLAK

Bu sos, fırınlanmış patateslerin üzerine füme somonla eşlik etmek için muhteşem bir seçenektir.

İTALYAN BAHŞİŞİ

125 gr domates sosu

100 gr mantar

50 gr York jambonu

50 gr taze soğan

45 gr tereyağı

125 ml İspanyol sosu (Et suları ve soslar bölümüne bakın)

90 ml beyaz şarap

1 dal kekik

1 dal biberiye

Tuz ve biber

İŞLEME

Soğanı ince ince doğrayıp tereyağında soteleyin. Yumuşak olduklarında ateşi yükseltin ve soyulmuş ve temizlenmiş mantarları ekleyin. Küp küp doğranmış pişmiş jambonu ekleyin.

Şarabı ve aromatik bitkileri ekleyin ve tamamen azaltın.

İspanyol sosunu ve domates sosunu ekleyin. 10 dakika pişirin ve tuz ve karabiberle tatlandırın.

YUVARLAK

Makarna ve haşlanmış yumurta için mükemmeldir.

MOUSSELİN SOSU

250 gr tereyağı

85 ml krem şanti

3 yumurta sarısı

¼ limon suyu

Tuz ve biber

İŞLEME

Tereyağını eritmek için.

Yumurta sarılarını biraz tuz, karabiber ve limon suyuyla benmari usulü çırpın. Hacim iki katına çıkana kadar 2 yemek kaşığı soğuk su ekleyin. Yumurta sarılarına yavaş yavaş tereyağını ekleyerek çırpmaya devam edin.

Servis yapmadan hemen önce kremayı çırpın ve yumuşak, sarmalayıcı hareketlerle önceki karışıma ekleyin.

YUVARLAK

Benmariyi maksimum 50°C sıcaklıkta saklayın. Somon ızgarası, ustura istiridyesi, kuşkonmaz vb. için mükemmeldir.

REMOULADE SOS

İÇİNDEKİLER

250 gr mayonez sosu (Et suları ve soslar bölümüne bakın)

50 gr turşu

50 gr kapari

10 gr hamsi

1 çay kaşığı kıyılmış taze maydanoz

İŞLEME

Hamsileri havanda ezilinceye kadar doğrayın. Kapari ve turşuları çok küçük parçalar halinde kesin. Geri kalan malzemeleri ekleyip karıştırın.

YUVARLAK

Bazı acılı yumurtalar için idealdir.

BİZCAİN SOSU

İÇİNDEKİLER

500 gr soğan

400 gr taze domates

25 gr ekmek

3 diş sarımsak

4 chorizo veya ñora biberi

Şeker (isteğe bağlı)

Zeytin yağı

tuz

İŞLEME

Eti çıkarmak için ñoraları ıslatın.

Soğanı ve sarımsağı jülyen şeritler halinde kesin ve orta ateşte kapalı bir tavada 25 dakika kızartın.

Ekmeği ve doğranmış kiraz domatesleri ekleyin ve 10 dakika daha pişirmeye devam edin. ñoras etini ekleyin ve 10 dakika daha pişirin.

Gerekirse tuz ve şekeri ezin ve ekleyin.

YUVARLAK

Alışılmışın dışında olmasına rağmen spagetti ile yapmak için harika bir sostur.

KIRMIZI SOS

İÇİNDEKİLER

2 diş sarımsak

1 büyük domates

1 küçük soğan

½ küçük kırmızı biber

½ küçük yeşil biber

2 poşet kalamar mürekkebi

Beyaz şarap

Zeytin yağı

tuz

İŞLEME

Sebzeleri küçük parçalar halinde kesin ve 30 dakika boyunca hafifçe kurumasını bekleyin.

Rendelenmiş domatesi ekleyip orta ateşte suyunu çekene kadar pişirin. Isıyı yükseltin ve mürekkep ceplerini ve biraz şarabı ekleyin. Yarı yarıya azaltalım.

Karıştırın, süzün ve tuz ekleyin.

YUVARLAK

Öğüttükten sonra biraz daha mürekkep eklenirse sos daha parlak olur.

SABAH SOSU

İÇİNDEKİLER

75 gr parmesan

75 gr tereyağı

75 gr un

1 litre süt

2 yumurta sarısı

küçük hindistan cevizi

Tuz ve biber

İŞLEME

Tereyağını bir tavada eritin. Unu ekleyin ve sürekli karıştırarak 10 dakika kısık ateşte pişirin.

Sütü bir kerede dökün ve sürekli karıştırarak 20 dakika daha pişirin.

Ocaktan alınan yumurta sarılarını ve peyniri ekleyip karıştırmaya devam edin. Tuz, karabiber ve hindistan cevizi ile tatlandırın.

YUVARLAK

Mükemmel bir gratine sos. Her türlü peyniri kullanabilirsiniz.

ROMASKO SOSU

100 gr sirke

80 gr kavrulmuş badem

½ çay kaşığı tatlı kırmızı biber

2 veya 3 adet olgun domates

2 biber

1 küçük dilim kızarmış ekmek

1 baş sarımsak

1 pul biber

250 gr sızma zeytinyağı

tuz

İŞLEME

ñoraları ılık suda 30 dakika boyunca nemlendirin. Posasını çıkarıp bir kenarda bekletin.

Fırını önceden 200°C'ye ısıtın ve domatesleri ve sarımsakları kızartın (domatesler yaklaşık 15 veya 20 dakika sürer, sarımsaklar ise biraz daha az sürer).

Izgarada pişirildikten sonra domateslerin kabuklarını ve çekirdeklerini temizleyip sarımsaklarını tek tek çıkarın. Badem, kızarmış ekmek, ñora eti, yağ ve sirkeyle birlikte bir karıştırma bardağına koyun. İyice çırpın.

Daha sonra tatlı kırmızı biberi ve bir tutam kırmızı biberi ekleyin. Tekrar çırpın ve tuzla tatlandırın.

Sosu çok fazla öğütmeyin.

SOBİSE SOS

İÇİNDEKİLER

100 gr tereyağı

85 gr un

1 litre süt

1 soğan

küçük hindistan cevizi

Tuz ve biber

İŞLEME

Tereyağını bir tencerede eritin ve şeritler halinde kesilmiş soğanı yavaş yavaş 25 dakika pişirin. Unu ekleyin ve sürekli karıştırarak 10 dakika daha pişirin.

Sütü bir kerede dökün ve sürekli karıştırarak kısık ateşte 20 dakika daha pişirin. Tuz, karabiber ve hindistan cevizi ile tatlandırın.

YUVARLAK

Olduğu gibi veya püre halinde servis edilebilir. Cannelloni için mükemmel.

TARTAR SOSU

İÇİNDEKİLER

250 gr mayonez sosu (Et suları ve soslar bölümüne bakın)

20 gr taze soğan

1 yemek kaşığı kapari

1 yemek kaşığı taze maydanoz

1 yemek kaşığı hardal

1 salatalık turşusu

1 adet sert haşlanmış yumurta

tuz

İŞLEME

Frenk soğanı, kapari, maydanoz, kornişon ve haşlanmış yumurtayı ince ince doğrayın.

Her şeyi karıştırın ve mayonez ve hardalı ekleyin. Bir çimdik tuz ekle.

YUVARLAK

Balık ve kurutulmuş etlerle mükemmel uyum sağlar.

KARAMEL SOSU

İÇİNDEKİLER

150 gr) Şeker

70 gr tereyağı

300 ml krema

İŞLEME

Tereyağı ve şekeri hiç karıştırmadan karamel yapın.

Karamel pişince ocaktan alın ve kremayı ekleyin. Yüksek ateşte 2 dakika pişirin.

YUVARLAK

Karamel, 1 dal biberiye eklenerek tatlandırılabilir.

POTTAJ

İÇİNDEKİLER

250 gr havuç

250 gr pırasa

250 gr domates

150 gr soğan

150 gr şalgam

100 gr kereviz

tuz

İŞLEME

Sebzeleri iyice yıkayın ve eşit parçalara bölün. Bir tencereye koyun ve üzerini soğuk suyla örtün.

2 saat kısık ateşte pişirin. Süzün ve tuzla tatlandırın.

YUVARLAK

Kullanılan sebzeler iyi bir krema yapmak için kullanılabilir. Her zaman kapaksız pişirin, böylece su buharlaştığında tatlar daha iyi konsantre olur.

KADİFE SOS

İÇİNDEKİLER

35 gr tereyağı

35 gr un

½ l et suyu (balık, et, kümes hayvanları vb.)

tuz

İŞLEME

Unu tereyağında 5 dakika kadar yavaşça kavurun.

Et suyunu bir kerede ekleyin ve orta ateşte sürekli karıştırarak pişirin. Bir çimdik tuz ekle.

YUVARLAK

Diğer birçok sos için temel görevi görür.

SOS SOSU

İÇİNDEKİLER

4 yemek kaşığı sirke

1 küçük soğan

1 büyük domates

½ kırmızı biber

½ yeşil biber

12 yemek kaşığı zeytinyağı

tuz

İŞLEME

Domates, biber ve soğanı çok küçük parçalar halinde kesin.

Her şeyi karıştırın ve yağ, sirke ve tuz ekleyin.

YUVARLAK

Soslu midye veya ton balıklı patates için idealdir.

TATLI ŞARAP NANE İLE KIRMIZI MEYVELER

İÇİNDEKİLER

550 gr kırmızı meyveler

50 gr şeker

2 dl tatlı şarap

5 nane yaprağı

İŞLEME

Kırmızı meyveleri, şekeri, tatlı şarabı ve nane yapraklarını bir tencerede 20 dakika pişirin.

Aynı kapta soğuyana kadar dinlendirip ayrı kaselere paylaştırın.

YUVARLAK

Ezip dondurma ve biraz çikolatalı bisküvi ile servis yapın.

Soğuk yemek daha iyi. Pişirmeden önce üzerine birkaç parça şekerlenmiş meyve koyun. Sonuç harika.

VİSKİ İLE TAVUK TEKMELERİ

İÇİNDEKİLER

12 adet tavuk budu

200 ml krema

150 ml viski

100 ml tavuk suyu

3 yumurta sarısı

1 adet taze soğan

Normal un

Zeytin yağı

Tuz ve biber

İŞLEME

Tavuk bacaklarını baharatlayın, unlayın ve kızartın. Kaldırın ve rezerve edin.

İnce doğranmış soğanı aynı yağda 5 dakika kadar kavurun. Viski ve flambéyi ekleyin (davlumbaz kapalı olmalıdır). Kremayı ve et suyunu dökün. Tavuğu tekrar ekleyin ve kısık ateşte 20 dakika pişirin.

Ocaktan alınca yumurta sarılarını ekleyin ve sosun biraz koyulaşması için yavaşça karıştırın. Gerekirse tuz ve karabiberle tatlandırın.

YUVARLAK

Viski, en sevdiğimiz alkollü içecekle değiştirilebilir.

KIZARMIŞ ÖRDEK

İÇİNDEKİLER

1 adet temizlenmiş ördek

1 litre tavuk suyu

4 dl soya sosu

3 yemek kaşığı bal

2 diş sarımsak

1 küçük soğan

1 kırmızı biber

taze zencefil

Zeytin yağı

Tuz ve biber

İŞLEME

Tavuk suyunu, soya fasulyesini, rendelenmiş sarımsağı, acı biberi ve ince doğranmış soğanı, balı, bir parça rendelenmiş zencefili ve karabiberi bir kasede karıştırın. Ördeği bu karışımda 1 saat marine edin.

Marineden çıkarın ve marine sıvısının yarısıyla birlikte bir fırın tepsisine yerleştirin. 200°C'de her iki tarafını da 10 dakika pişirin. Fırçayla sürekli nemlendirin.

Fırını 180 °C'ye düşürün ve her iki tarafını da 18 dakika daha pişirin (her 5 dakikada bir fırçayla boyamaya devam edin).

Ördeği çıkarıp bir kenara koyun ve orta ateşte bir tencerede sosu yarıya kadar azaltın.

YUVARLAK

Önce tavuk göğsünü alta gelecek şekilde pişirin, bu onların daha az kuru ve daha sulu olmasını sağlar.

VILLAROY TAVUK GÖĞÜS

1 kg tavuk göğsü

2 havuç

2 sap kereviz

1 soğan

1 pırasa

1 şalgam

Un, yumurta ve galeta unu (kaplamak için)

Beşamel için

1 litre süt

100 gr tereyağı

100 gr un

küçük hindistan cevizi

Tuz ve biber

İŞLEME

Temizlenen tüm sebzeleri 2 litre (soğuk) suda 45 dakika kadar pişirin.

Bu arada unu tereyağında orta-kısık ateşte 5 dakika kavurup beşamel sosunu hazırlayın. Daha sonra sütü ekleyip karıştırıyoruz. Tuzlayın ve hindistan cevizini ekleyin. Çırpmayı bırakmadan kısık ateşte 10 dakika pişirin.

Et suyunu süzün ve ördek göğüslerini (bütün veya fileto) 15 dakika pişirin. Bunları boşaltın ve soğumaya bırakın. Göğüsleri beşamel sosla iyice kaplayın ve buzdolabında bir kenara koyun. Soğuyunca üzerini önce una, sonra yumurtaya ve son olarak da galeta ununa bulayın. Bol yağda kızartıp sıcak olarak servis yapın.

YUVARLAK

Lezzetli bir krema yapmak için et suyunu ve ezilmiş sebzeleri kullanabilirsiniz.

LİMON HARDAL SOSLU TAVUK GÖĞÜS

İÇİNDEKİLER

4 tavuk göğsü

250 ml krema

3 yemek kaşığı konyak

3 yemek kaşığı hardal

1 yemek kaşığı un

2 diş sarımsak

1 limon

½ taze soğan

Zeytin yağı

Tuz ve biber

İŞLEME

Düzenli parçalar halinde kesilmiş göğüsleri az miktarda yağla baharatlayın ve kızartın. Rezerv.

Aynı yağda ince doğranmış soğanı ve sarımsağı kavurun. Unu ekleyip 1 dakika kadar kavurun. Brendi buharlaşana kadar ekleyin ve kremayı, 3 yemek kaşığı limon suyunu ve kabuğu rendesini, hardalı ve tuzu dökün. Sosu 5 dakika pişirin.

Tavuğu tekrar ekleyin ve kısık ateşte 5 dakika daha pişirin.

Suyunu çıkarmadan önce limonu rendeleyin. Paradan tasarruf etmek için göğüs yerine kıymalı tavuk da yapabilirsiniz.

ERİK VE MANTARLI PINTADA KIZARTMA

1 boyama

250 gr mantar

200 ml getir

¼ litre tavuk suyu

15 adet çekirdeği çıkarılmış erik

1 diş sarımsak

1 çay kaşığı un

Zeytin yağı

Tuz ve biber

İŞLEME

Tuz ve karabiberle tatlandırın ve gine tavuğunu eriklerle birlikte 175 °C'de 40 dakika kızartın. Pişirme işleminin yarısında çevirin. Süre geçtikten sonra meyve sularını çıkarın ve saklayın.

2 yemek kaşığı yağı ve unu bir tencerede 1 dakika kadar kavurun. Şarapla gezdirin ve yarıya kadar azaltın. Kavurma suyunu ve et suyunu ekleyin. 5 dakika hiç karıştırmadan pişirin.

Ayrı olarak mantarları biraz doğranmış sarımsakla kızartın, sosa ekleyin ve kaynatın. Gine tavuğunu sosla birlikte servis edin.

YUVARLAK

Özel günler için beç tavuğunu elma, kaz ciğeri, kıyma, kuru meyve ile süsleyebilirsiniz.

MODENA SİRKELİ KARAMELİZE PIQUILLOS DOLGULU VILLAROY TAVUK GÖĞÜS

İÇİNDEKİLER

4 tavuk göğsü filetosu

100 gr tereyağı

100 gr un

1 litre süt

1 kutu piquillo biberi

1 bardak Modena sirkesi

½ bardak şeker

küçük hindistan cevizi

Yumurta ve galeta unu (kaplamak için)

Zeytin yağı

Tuz ve biber

İŞLEME

Tereyağı ve unu kısık ateşte 10 dakika kadar kavurun. Daha sonra sütü dökün ve sürekli karıştırarak 20 dakika pişirin. Tuzlayın ve hindistan cevizini ekleyin. Soğumaya bırakın.

Bu arada biberleri sirke ve şekerle, sirke kalınlaşmaya başlayana (yeni başlayana) kadar karamelize edin.

Filetoları ve diğer malzemeleri piquillo ile baharatlayın. Ördek göğüslerini şeffaf filme çok sert şekermiş gibi sarıp kapatın ve 15 dakika suda pişirin.

Piştikten sonra her tarafına beşamel sos sürün ve çırpılmış yumurta ve galeta ununa batırın. Bol yağda kızartın.

YUVARLAK

Beşamel için unu atlayıp birkaç kaşık köri eklerseniz sonuç farklı ve çok zengin olur.

PASTIRMA, MANTAR VE PEYNİR İLE DOLGULU TAVUK GÖĞÜS

İÇİNDEKİLER

4 tavuk göğsü filetosu

100 gr mantar

4 dilim füme pastırma

2 yemek kaşığı hardal

6 yemek kaşığı krema

1 soğan

1 diş sarımsak

dilimlenmiş peynir

Zeytin yağı

Tuz ve biber

İŞLEME

Tavuk filetolarını baharatlayın. Mantarları temizleyip dörde bölün.

Pastırmayı kızartın ve doğranmış mantarları sarımsakla birlikte yüksek ateşte kızartın.

Filetoları pastırma, peynir ve mantarla süsleyin ve sanki tatlıymış gibi streç filmle mükemmel şekilde kapatın. Kaynar suda 10 dakika kadar pişirin. Filmi ve ağı çıkarın.

Diğer yandan yemeklik doğradığınız soğanı kavurun, kremayı ve hardalı ekleyip 2 dakika pişirin ve karıştırın. Tavuk üzerine sos

Streç film yüksek sıcaklıklara dayanıklıdır ve gıdalara lezzet katmaz.

ERİKLİ TATLI ŞARAPTA TAVUK

1 büyük tavuk

100 gr çekirdeği çıkarılmış erik

½ litre tavuk suyu

½ şişe tatlı şarap

1 adet taze soğan

2 havuç

1 diş sarımsak

1 yemek kaşığı un

Zeytin yağı

Tuz ve biber

İŞLEME

Tavuk parçalarını sıcak bir tavada yağla baharatlayıp kızartın. Dışarı çıkın ve rezervasyon yapın.

Aynı yağda ince doğranmış soğanı, sarımsağı ve havuçları kavurun. Sebzeler iyice haşlanınca unu ekleyin ve bir dakika daha pişirin.

Passito şarabını dökün ve neredeyse tamamen azalıncaya kadar ısıyı artırın. Et suyunu dökün ve tekrar tavuğu ve erikleri ekleyin.

Yaklaşık 15 dakika veya tavuk yumuşayana kadar pişirin. Tavuğu çıkarın ve sosu karıştırın. Tuzla tatlandırın.

Püre sosunun üzerine biraz soğuk tereyağı ekleyip çırparsanız daha koyulaşıp parlayacaktır.

Kajulu TURUNCU TAVUK GÖĞÜS

İÇİNDEKİLER

4 tavuk göğsü

75 gr kaju fıstığı

2 bardak taze portakal suyu

4 yemek kaşığı bal

2 yemek kaşığı Cointreau

Normal un

Zeytin yağı

Tuz ve biber

İŞLEME

Göğüsleri baharatlayıp unlayın. Bol yağda kızartıp çıkarın ve bir kenarda bekletin.

Portakal suyunu Cointreau ve balla birlikte 5 dakika pişirin. Göğüsleri sosa ekleyin ve kısık ateşte 8 dakika pişirin.

Üzerine salsa ve kaju fıstığı ile servis yapın.

YUVARLAK

İyi bir portakal sosu yapmanın bir başka yolu da, içine doğal portakal suyunun eklendiği çok koyu olmayan şekerlerle başlamaktır.

MARİNE KEKLİK

İÇİNDEKİLER

4 keklik

300 gr soğan

200 gr havuç

2 bardak beyaz şarap

1 baş sarımsak

1 defne yaprağı

1 bardak sirke

1 bardak sıvı yağ

tuz ve 10 adet karabiber

İŞLEME

Keklikleri baharatlayıp yüksek ateşte kızartın. Kaldırın ve rezerve edin.

Aynı yağda havuçları ve soğanları jülyen şeritler halinde kızartın. Sebzeler yumuşayınca şarabı, sirkeyi, karabiberi, tuzu, sarımsağı ve defne yaprağını ekleyin. 10 dakika kızartın.

Kekliği geri koyun ve 10 dakika daha kısık ateşte pişirin.

YUVARLAK

Marine edilmiş et veya balığın daha lezzetli olması için en az 24 saat dinlenmeye bırakılması en doğrusudur.

TAVUK CACCIARA

İÇİNDEKİLER

1 kıyılmış tavuk

50 gr dilimlenmiş mantar

½ litre tavuk suyu

1 bardak beyaz şarap

4 rendelenmiş domates

2 havuç

2 diş sarımsak

1 pırasa

½ soğan

1 demet aromatik bitki (kekik, biberiye, defne yaprağı vb.)

Zeytin yağı

Tuz ve biber

İŞLEME

Tavukları sıcak bir tavada az miktarda yağ ile baharatlayıp kızartın. Dışarı çıkın ve rezervasyon yapın.

Aynı yağda doğranmış havuç, sarımsak, pırasa ve soğanı kavurun. Daha sonra rendelenmiş domatesi ekleyin. Domates suyunu çekene kadar soteleyin. Tavuğu geri ver.

Ayrı olarak mantarları kızartın ve güveçte ekleyin. Bir bardak şarabı ekleyin ve buharlaşmasına izin verin.

Et suyunu dökün ve aromatik bitkileri ekleyin. Tavuklar yumuşayıncaya kadar pişirin. Tuzlu sezon.

134

YUVARLAK

Bu yemek hindi ve hatta tavşanla da yapılabilir.

COCA COLA STİL TAVUK KANAT

İÇİNDEKİLER

1 kg tavuk kanadı

½ litre kola

4 yemek kaşığı esmer şeker

2 yemek kaşığı soya sosu

1 dolu yemek kaşığı kekik

½ limon

Tuz ve biber

İŞLEME

Coca-Cola, şeker, soya, kekik ve ½ limon suyunu bir tencereye koyun ve 2 dakika pişirin.

Kanatları ikiye bölün ve tuzlayın. 160°C'de hafif renk alana kadar pişirin. Bu noktada sosun yarısını ekleyin ve kanatları çevirin. Her 20 dakikada bir çevirin.

Sos neredeyse azalınca diğer yarısını ekleyin ve sos koyulaşıncaya kadar pişirmeye devam edin.

YUVARLAK

Sosu hazırlarken bir tutam vanilya eklenmesi sosun lezzetini arttırır ve kendine özgü bir dokunuş verir.

SARIMSAKLI TAVUK

İÇİNDEKİLER

1 kıyılmış tavuk

8 diş sarımsak

1 bardak beyaz şarap

1 yemek kaşığı un

1 kırmızı biber

Sirke

Zeytin yağı

Tuz ve biber

İŞLEME

Tavukları baharatlayıp iyice kavurun. Bir kenara koyun ve yağın soğumasını bekleyin.

Sarımsak dişlerini küpler halinde kesin ve sarımsakları ve kırmızı biberi renklendirmeden (yağda pişirin, kızartmayın) karıştırın.

Şarapta ıslatın ve belirli bir kalınlığa ulaşana kadar azaltın, ancak kurumayın.

Daha sonra üzerine tavukları ve bir çay kaşığı unu azar azar ekleyin. Karıştırın (sarımsakların tavuğa yapışıp yapışmadığını kontrol edin, değilse biraz yapışana kadar biraz un ekleyin).

Üzerini kapatıp ara ara karıştırın. 20 dakika kısık ateşte pişirin. Üzerine biraz sirke ekleyin ve bir dakika daha pişirin.

Tavada kızartılmış tavuk bir zorunluluktur. Dışının altın sarısı, içi sulu kalması için çok sıcak olması gerekiyor.

TAVUK CHILINDRON

1 küçük tavuk, doğranmış

350 gr doğranmış serrano jambonu

1 800 gr soyulmuş domates konservesi

1 büyük kırmızı biber

1 büyük yeşil biber

1 büyük soğan

2 diş sarımsak

Kekik

1 bardak beyaz veya kırmızı şarap

şeker

Zeytin yağı

Tuz ve biber

İŞLEME

Tavuğu baharatlayın ve yüksek ateşte kızartın. Dışarı çıkın ve rezervasyon yapın.

Aynı yağda orta boy parçalar halinde kesilmiş biberleri, sarımsakları ve soğanı kızartın. Sebzeler altın rengi olunca jambonu ekleyin ve 10 dakika daha pişirin.

Tavuğu geri koyun ve şarabı dökün. Yüksek ısıyı 5 dakika kadar azaltın ve domatesi ve kekiği ekleyin. Isıyı azaltın ve 30 dakika daha pişirin. Tuz ve şekerle tatlandırın.

YUVARLAK

Aynı tarifi köfteyle de yapabilirsiniz. Tabağınızda hiçbir şey kalmayacak!

Bıldırcın ve KIRMIZI MEYVELERLE MARİNE EDİLMİŞ

4 bıldırcın

150 gr kırmızı meyve

1 bardak sirke

2 bardak beyaz şarap

1 havuç

1 pırasa

1 diş sarımsak

1 defne yaprağı

Normal un

1 bardak sıvı yağ

Tuz ve karabiber

İŞLEME

Bıldırcınları unlayın, baharatlayın ve bir tencerede kızartın. Dışarı çıkın ve rezervasyon yapın.

Çubuklar halinde kesilmiş havuç ve pırasayı ve doğranmış sarımsağı aynı yağda kızartın. Sebzeler yumuşayınca yağı, sirkeyi ve şarabı ekleyin.

Defne yaprağını ve biberi ekleyin. Tuz ekleyin ve kırmızı meyvelerle birlikte 10 dakika pişirin.

Bıldırcını ekleyin ve yumuşayana kadar 10 dakika daha pişirin. Ateşten alıp üzerini örtüp dinlenmeye bırakın.

YUVARLAK

Bıldırcın etiyle yapılan bu turşu harika bir salata sosu yapar ve iyi bir kalpli marul salatasına eşlik eder.

LİMONLU TAVUK

1 tavuk

30 gr şeker

25 gr tereyağı

1 litre tavuk suyu

1 dl beyaz şarap

3 limonun suyu

1 soğan

1 pırasa

Zeytin yağı

Tuz ve biber

İŞLEME

Tavuğu doğrayın ve baharatlayın. Yüksek ateşte kahverengileştirin ve çıkarın.

Soğanı ve pırasayı soyun, jülyen şeritler halinde kesin. Sebzeleri tavuğun yapıldığı yağda soteleyin. Şarapla gezdirin ve azaltın.

Limon suyunu, şekeri ve et suyunu ekleyin. 5 dakika pişirin ve tavuğu geri getirin. 30 dakika daha kısık ateşte pişirin. Tuz ve karabiberle tatlandırın.

YUVARLAK

Sosun daha ince olması ve sebze parçaları içermemesi için ezmek daha iyidir.

SERRANO HAMLU, CASAR KEK VE ROKETLİ SAN JACOBO TAVUK

İÇİNDEKİLER

8 adet ince tavuk fileto

150 gr Casar keki

100 gr roket

4 dilim serrano jambonu

Un, yumurta ve tahıllar (kaplamak için)

Zeytin yağı

Tuz ve biber

İŞLEME

Tavuk filetolarını baharatlayın ve peynirle kaplayın. Birinin üzerine roka ve serrano jambonunu yerleştirip diğerini üstüne koyarak kapatın. Geri kalanıyla da aynısını yapın.

Bunları una, çırpılmış yumurtaya ve ezilmiş tahıllara batırın. Bol kızgın yağda 3 dakika kızartın.

YUVARLAK

Ezilmiş patlamış mısır, kiko ve hatta solucanlarla kaplanabilir. Sonuç çok komik.

PİŞİRİLMİŞ KÖRİLİ TAVUK

4 adet tavuk but (kişi başı)

1 litre krema

1 adet taze soğan veya soğan

2 yemek kaşığı köri

4 sade yoğurt

tuz

İŞLEME

Soğanı küçük parçalar halinde kesin ve bir kasede yoğurt, krema ve köri ile karıştırın. Tuzlu sezon.

Tavuğun üzerine küçük kesikler atın ve 24 saat boyunca yoğurt sosunda marine edin.

180°C'de 90 dakika kızartın, tavuğu çıkarın ve çırpılmış sosla birlikte servis yapın.

YUVARLAK

Eğer elinizde sos kaldıysa onu lezzetli köfte yapmak için kullanabilirsiniz.

KIRMIZI ŞARAPTA TAVUK

İÇİNDEKİLER

1 kıyılmış tavuk

½ litre kırmızı şarap

1 dal biberiye

1 dal kekik

2 diş sarımsak

2 pırasa

1 kırmızı biber

1 havuç

1 soğan

Tavuk suyu

Normal un

Zeytin yağı

Tuz ve biber

İŞLEME

Tavukları çok sıcak bir tavada baharatlayıp kızartın. Dışarı çıkın ve rezervasyon yapın.

Sebzeleri küçük parçalar halinde kesin ve tavuğun kızartıldığı yağda kızartın.

Şarabı dökün, aromatik bitkileri ekleyin ve koyulaşana kadar yaklaşık 10 dakika yüksek ateşte pişirin. Tavuğu tekrar ekleyin ve üzerini kapatana kadar et suyunu ekleyin. 20 dakika daha veya etler yumuşayana kadar pişirin.

YUVARLAK

Parçacıksız daha ince bir sos istiyorsanız, karıştırın ve süzün.

SİYAH BİRA İÇİNDE KIZARTILMIŞ TAVUK

İÇİNDEKİLER

4 tavuk budu

750 ml koyu bira

1 yemek kaşığı kimyon

1 dal kekik

1 dal biberiye

2 soğan

3 diş sarımsak

1 havuç

Tuz ve biber

İŞLEME

Soğanı, havucu ve sarımsağı jülyen doğrayın. Kekiği ve biberiyeyi fırın tepsisinin altına yerleştirin ve üzerine soğan, havuç ve sarımsağı koyun; daha sonra derisi aşağı bakacak şekilde tavuk butları bir tutam kimyonla tatlandırılır. 175°C'de yaklaşık 45 dakika kadar kavurun.

30 dakika sonra birayla ıslatın, altını çevirin ve 45 dakika daha pişirin. Tavuklar piştikten sonra tavadan alıp sosu karıştırın.

YUVARLAK

Kavurmanın ortasına dilimlenmiş ve püre haline getirilmiş 2 adet elma sosun geri kalanıyla birlikte eklenirse lezzet daha da güzelleşir.

ÇİKOLATA KEKLİK

İÇİNDEKİLER

4 keklik

½ litre tavuk suyu

½ bardak kırmızı şarap

1 dal biberiye

1 dal kekik

1 adet taze soğan

1 havuç

1 diş sarımsak

1 rendelenmiş domates

Çikolata

Zeytin yağı

Tuz ve biber

İŞLEME

Keklikleri baharatlayıp kızartın. Rezerv.

İnce doğranmış havuç, sarımsak ve taze soğanı aynı yağda orta ateşte kavurun. Isıyı arttırın ve domatesi ekleyin. Suyunu çekene kadar pişirin. Şarabı gezdirin ve neredeyse tamamen azalmasına izin verin.

Et suyunu dökün ve aromatik bitkileri ekleyin. Keklikler yumuşayana kadar kısık ateşte pişirin. Tuzlu sezon. Ateşten alın ve tadına göre çikolata ekleyin. Ayırmak.

Yemeğe baharatlı bir dokunuş katmak için kırmızı biber ekleyebilir, çıtır olmasını istiyorsanız biraz kızarmış fındık veya badem ekleyebilirsiniz.

KIRMIZI MEYVE SOSLU KAVURULMUŞ TOPUK ÇEYREK

İÇİNDEKİLER

4 hindi butu

250 gr kırmızı meyve

½ litre cava

1 dal kekik

1 dal biberiye

3 diş sarımsak

2 pırasa

1 havuç

Zeytin yağı

Tuz ve biber

İŞLEME

Pırasa, havuç ve sarımsağı soyup jülyen şeritler halinde kesin. Bu sebzeyi kekik, biberiye ve kırmızı meyvelerle birlikte bir fırın tepsisine yerleştirin.

Hindi dilimlerini üzerine deri tarafı aşağı gelecek şekilde üzerine biraz yağ gezdirerek yerleştirin. 175°C'de 1 saat kavurun.

30 dakika sonra cava ile banyo yapın. Eti çevirin ve 45 dakika daha pişirin. Süre geçtikten sonra tavadan çıkarın. Karıştırın, süzün ve sosa tuz ekleyin.

Bacak ve uyluk kolayca ayrıldığında hindi hazırdır.

ŞEFTALİ SOSLU KIZARTMA TAVUK

İÇİNDEKİLER

4 tavuk budu

½ litre beyaz şarap

1 dal kekik

1 dal biberiye

3 diş sarımsak

2 şeftali

2 soğan

1 havuç

Zeytin yağı

Tuz ve biber

İŞLEME

Soğanı, havucu ve sarımsağı jülyen doğrayın. Şeftalileri soyun, ikiye bölün ve kemiklerini çıkarın.

Kekik ve biberiyeyi havuç, soğan ve sarımsakla birlikte fırın tepsisinin altına yerleştirin. Kabın dörtte birini, üzerine biraz yağ gezdirerek, derisi aşağı bakacak şekilde yerleştirin ve 175°C'de yaklaşık 45 dakika pişirin.

30 dakika sonra beyaz şarabı ekleyin, ters çevirin ve 45 dakika daha pişirin. Tavuklar piştikten sonra tavadan alıp sosu karıştırın.

Kızartmaya elma veya armut eklenebilir. Sos lezzetli olacak.

155

ISPANAK VE MOZZARELLA DOLGULU TAVUK FİLETO

İÇİNDEKİLER

8 adet ince tavuk fileto

200 gr taze ıspanak

150 gr mozarella

8 fesleğen yaprağı

1 çay kaşığı öğütülmüş kimyon

Un, yumurta ve galeta unu (kaplamak için)

Zeytin yağı

Tuz ve biber

İŞLEME

Göğüslerin her iki tarafını da baharatlayın. Ispanak, rendelenmiş peynir ve doğranmış fesleğenle süsleyin ve başka bir filetoyla örtün. Unu, çırpılmış yumurtayı ve galeta unu ve kimyon karışımından geçirin.

Her iki tarafını da birkaç dakika kızartın ve fazla yağı emici kağıt üzerine alın.

YUVARLAK

Mükemmel eşlik, iyi bir domates sosudur. Bu yemek hindi ve hatta taze fileto ile yapılabilir.

CAVA'LI TAVUK KIZARTMA

İÇİNDEKİLER

4 tavuk budu

1 şişe köpüklü şarap

1 dal kekik

1 dal biberiye

3 diş sarımsak

2 soğan

Zeytin yağı

Tuz ve biber

İŞLEME

Soğanları ve sarımsakları jülyen doğrayın. Kekiği ve biberiyeyi bir fırın tepsisinin tabanına yerleştirin, soğanı, sarımsağı ve ardından terbiye edilmiş arka ayakları, derisi aşağı bakacak şekilde yerleştirin. 175°C'de yaklaşık 45 dakika kadar kavurun.

30 dakika sonra kava ile nemlendirin, arkalarını çevirin ve 45 dakika daha pişirin. Tavuklar piştikten sonra tavadan alıp sosu karıştırın.

YUVARLAK

Aynı tarifin bir başka çeşidi de Lambrusco veya passito şarabıyla yapmaktır.

FISTIK SOSLU TAVUK ŞİŞ

İÇİNDEKİLER

600 gr tavuk göğsü

150 gr fıstık

500 ml tavuk suyu

200 ml krema

3 yemek kaşığı soya sosu

3 yemek kaşığı bal

1 yemek kaşığı köri

1 acı biber, ince doğranmış

1 yemek kaşığı limon suyu

Zeytin yağı

Tuz ve biber

İŞLEME

Fıstıkları macun haline gelinceye kadar iyice öğütün. Bunları bir kasede limon suyu, et suyu, soya, bal, köri, tuz ve karabiberle karıştırın. Göğüsleri parçalara ayırın ve bir gece boyunca bu karışımda marine edin.

Tavukları çıkarıp şişlerin üzerine dizin. Önceki karışımı kremayla birlikte kısık ateşte 10 dakika pişirin.

Orta ateşte bir tavada şişleri kızartın ve üzerine sosla birlikte servis yapın.

Tavuk butlarından yapılabilirler. Ancak onları tavada kızartmak yerine, üzerine sosla birlikte fırında kızartın.

PEPITORY TAVUK

İÇİNDEKİLER

1½ kg tavuk

250 gr soğan

50 gr kavrulmuş badem

25 gr kızarmış ekmek

½ litre tavuk suyu

¼ litre iyi şarap

2 diş sarımsak

2 adet defne yaprağı

2 adet sert haşlanmış yumurta

1 yemek kaşığı un

14 tutam safran

150 gr zeytinyağı

Tuz ve biber

İŞLEME

Parçalara bölünmüş tavukları doğrayın ve baharatlayın. Kahverengi ve rezerv.

Soğanı ve sarımsağı küçük parçalar halinde kesin ve tavuğun pişirildiği yağda kızartın. Unu ekleyip kısık ateşte 5 dakika kavurun. Şarapla gezdirin ve azaltın.

Tuzlu suyu dökün ve 15 dakika daha pişirin. Daha sonra ayrılmış tavuğu defne yapraklarıyla birlikte ekleyin ve tavuk yumuşayana kadar pişirin.

Ayrı olarak safranı kızartın ve kızarmış ekmek, badem ve yumurta sarısı ile birlikte harca ekleyin. Bir macun haline getirin ve tavuk güvecine ekleyin. 5 dakika daha pişirin.

YUVARLAK

Bu tarife iyi bir pirinç pilavından daha iyi bir eşlikçi olamaz. Üzerine doğranmış yumurta akı ve biraz ince kıyılmış maydanoz eklenerek servis edilebilir.

PORTAKALLI TAVUK

İÇİNDEKİLER

1 tavuk

25 gr tereyağı

1 litre tavuk suyu

1 dl roze şarap

2 yemek kaşığı bal

1 dal kekik

2 havuç

2 portakal

2 pırasa

Zeytin yağı

Tuz ve biber

İŞLEME

Kıyılmış tavukları zeytinyağında yüksek ateşte baharatlayıp kızartın. Kaldırın ve rezerve edin.

Havuçları ve pırasayı soyup doğrayın ve jülyen şeritler halinde kesin. Tavuğun kızartıldığı aynı yağda pişirin. Üzerine şarap dökün ve koyulaşana kadar yüksek ateşte pişirin.

Portakal suyunu, balı ve et suyunu ekleyin. 5 dakika pişirin ve tavuk parçalarını tekrar ekleyin. 30 dakika kısık ateşte pişirin. Soğuk tereyağını ekleyip tuz ve karabiberle tatlandırın.

YUVARLAK

Bir avuç fındığı soteleyip pişirmenin sonunda güvece ekleyebilirsiniz.

PORCINI'LI TAVUK GÜVEÇ

1 tavuk

200 gr serrano jambonu

200 gr porçini mantarı

50 gr tereyağı

600 ml tavuk suyu

1 bardak beyaz şarap

1 dal kekik

1 diş sarımsak

1 havuç

1 soğan

1 domates

Zeytin yağı

Tuz ve biber

İŞLEME

Tavuğu doğrayın, baharatlayın ve tereyağında ve az miktarda yağda kızartın. Kaldırın ve rezerve edin.

Aynı yağda küçük parçalar halinde kesilmiş soğan, havuç ve sarımsağı, küp şeklinde kesilmiş jambonu kavurun. Ateşi yükseltin ve doğranmış porcini mantarlarını ekleyin. 2 dakika pişirin, rendelenmiş domatesi ekleyin ve suyunu çekene kadar pişirin.

Tavuk parçalarını tekrar ekleyin ve şarabı ekleyin. Sos neredeyse kuruyana kadar azaltın. Et suyunu dökün ve kekiği ekleyin. Kısık ateşte 25 dakika veya tavuklar yumuşayıncaya kadar pişirin. Tuzlu sezon.

Mevsimlik veya kurutulmuş mantarları kullanın.

FISTIK VE SOYA İLE TAVUK SOTE

İÇİNDEKİLER

3 tavuk göğsü

70 gr kuru üzüm

30 gr badem

30 gr kaju fıstığı

30 gr ceviz

30 gr fındık

1 su bardağı tavuk suyu

3 yemek kaşığı soya sosu

2 diş sarımsak

1 kırmızı biber

1 limon

Zencefil

Zeytin yağı

Tuz ve biber

İŞLEME

Ördek göğüslerini doğrayın, tuz ve karabiberi ekleyip bir tavada yüksek ateşte kızartın. Kaldırın ve rezerve edin.

Bu yağda cevizleri rendelenmiş sarımsak, bir parça rendelenmiş zencefil, kırmızı biber ve limon kabuğu rendesi ile kızartın.

Kuru üzümleri, ayrılmış tavuk göğüslerini ve soyayı ekleyin. 1 dakika kısaltın ve suyu ekleyin. Orta ateşte 6 dakika daha pişirin ve gerekirse tuz ekleyin.

YUVARLAK

Tuzun neredeyse tamamı soya fasulyesinden sağlandığı için tuz kullanmanıza pek gerek kalmayacak.

KIZARTILMIŞ BADEMLİ ÇİKOLATA TAVUK

İÇİNDEKİLER

1 tavuk

60 gr rendelenmiş bitter çikolata

1 bardak kırmızı şarap

1 dal kekik

1 dal biberiye

1 defne yaprağı

2 havuç

2 diş sarımsak

1 soğan

Tavuk suyu (veya su)

Kavrulmuş badem

sızma zeytinyağı

Tuz ve biber

İŞLEME

Tavuğu doğrayın, baharatlayın ve çok sıcak bir tavada kızartın. Kaldırın ve rezerve edin.

Aynı yağda soğanı, havuçları ve doğranmış sarımsakları kısık ateşte kavurun.

Defne yaprağını, kekik ve biberiye dallarını ekleyin. Şarabı ve et suyunu ekleyip kısık ateşte 40 dakika pişirin. Tuzla tatlandırın ve tavuğu çıkarın.

Sosu blenderda püre haline getirin ve tencereye geri koyun. Tavukları ve çikolatayı ekleyip çikolata eriyene kadar karıştırın. Tatların karışması için 5 dakika daha pişirin.

YUVARLAK

Üzerine kavrulmuş bademleri serpin. Acı biber veya acı biber eklenmesi ona baharatlı bir tat verir.

BİBER BİBER VE HARDAL VINAIGRETTE KUZU ŞİŞ

350 gr kuzu

2 yemek kaşığı sirke

1 seviye kaşık kırmızı biber

1 dolu yemek kaşığı hardal

1 seviye yemek kaşığı şeker

1 sepet kiraz domates

1 yeşil biber

1 kırmızı biber

1 küçük taze soğan

1 soğan

5 yemek kaşığı zeytinyağı

Tuz ve biber

İŞLEME

Taze soğan dışındaki sebzeleri soyup orta boy kareler halinde kesin. Kuzu aynı büyüklükte küpler halinde kesin. Bir parça et ve bir parça sebzeyi dönüşümlü olarak şişleri birleştirin. Mevsim. Çok sıcak bir tavada az miktarda yağ ile her tarafı 1 veya 2 dakika kızartılır.

Ayrı olarak hardalı, kırmızı biberi, şekeri, yağı, sirkeyi ve doğranmış soğanı bir kapta karıştırın. Tuzla tatlandırın ve emülsifiye edin.

Taze hazırlanmış şişleri biraz kırmızı biber sosuyla servis edin.

YUVARLAK

Ayrıca salata sosuna 1 yemek kaşığı köri ve biraz limon kabuğu rendesi de ekleyebilirsiniz.

LİMAN DOLGULU DANA GÖĞÜS

1 kg dana yüzgeci (doldurulacak bir kitap)

350 gr kıyılmış domuz eti

1 kg havuç

1 kg soğan

100 gr çam fıstığı

1 küçük konserve piquillo biberi

1 kutu siyah zeytin

1 paket pastırma

1 baş sarımsak

2 adet defne yaprağı

Getirir

Et suyu

Zeytin yağı

Tuz ve karabiber

İŞLEME

Yüzgecin her iki tarafını da baharatlayın. Domuz eti, çam fıstığı, doğranmış biber, dörde bölünmüş zeytin ve çizgili domuz pastırması ile süsleyin. Rulo yapın ve dizgin teli ile dikin veya bağlayın. Çok yüksek ateşte kahverengileştirin, çıkarın ve bir kenara koyun.

Havuçları, soğanları ve sarımsakları brunoise şeklinde doğrayın ve dana etinin kızartıldığı yağda kızartın. Yüzgeci değiştirin. Her şey kaplanana kadar biraz porto şarabı ve et suyuyla ıslatın. 8 adet karabiber ve defne yaprağını ekleyin. Kısık ateşte kapağı kapalı olarak 40 dakika kadar pişirin. Her 10 dakikada bir çevirin. Etler yumuşayınca sosu çıkarıp harmanlayın.

YUVARLAK

Porto şarabı başka bir şarap veya şampanya ile değiştirilebilir.

MADRILEÑA KÖFTESİ

İÇİNDEKİLER

1 kg kıyma

500 gr kıyılmış domuz eti

500 gr olgun domates

150 gr soğan

100 gr mantar

1 litre et suyu (veya su)

2 dl beyaz şarap

2 yemek kaşığı taze maydanoz

2 yemek kaşığı galeta unu

1 yemek kaşığı un

3 diş sarımsak

2 havuç

1 defne yaprağı

1 yumurta

şeker

Zeytin yağı

Tuz ve biber

İki eti, doğranmış maydanoz, 2 diş doğranmış sarımsak, galeta unu, yumurta, tuz ve karabiberle karıştırın. Toplar oluşturun ve bir tavada kızartın. Dışarı çıkın ve rezervasyon yapın.

Aynı yağda soğanı diğer sarımsakla birlikte kavurun, unu ekleyip kavurun. Domatesleri ekleyin ve 5 dakika daha pişirin. Şarabı dökün ve 10 dakika daha pişirin. Et suyunu ekleyin ve 5 dakika daha pişirmeye devam edin. Tuz ve şekeri öğütün ve düzeltin. Köfteleri defne yaprağıyla birlikte sosta 10 dakika pişirin.

Ayrı ayrı havuç ve mantarları soyun, soyun ve kesin. Az yağda 2 dakika kızartıp köfte harcına ekleyin.

YUVARLAK

Köfte karışımını daha lezzetli hale getirmek için 150 gr doğranmış taze İber pastırması ekleyin. Topları yaparken çok fazla bastırmamak daha sulu olması açısından daha iyidir.

ÇİKOLATA DANA YANAKLARI

İÇİNDEKİLER

8 dana yanağı

½ litre kırmızı şarap

6 ons çikolata

2 diş sarımsak

2 domates

2 pırasa

1 sap kereviz

1 havuç

1 soğan

1 dal biberiye

1 dal kekik

Normal un

Et suyu (veya su)

Zeytin yağı

Tuz ve biber

İŞLEME

Yanakları çok sıcak bir tavada baharatlayın ve kızartın. Dışarı çıkın ve rezervasyon yapın.

Sebzeleri brunoise şeklinde doğrayın ve yanakların kızartıldığı tavada soteleyin.

Sebzeler yumuşayınca rendelenmiş çeri domatesleri ekleyip suyunu çekene kadar pişirin. Şarabı ve aromatik bitkileri ekleyin ve 5 dakika buharlaşmasına izin verin. Kaplamak için yanakları ve sığır suyunu ekleyin.

Yanaklar iyice yumuşayana kadar pişirin, tadına göre çikolata ekleyin, karıştırın ve tuz ve karabiberle tatlandırın.

YUVARLAK

Sos, bütün sebze parçalarıyla birlikte püre haline getirilebilir veya bırakılabilir.

TATLI ŞARAP SOSLU CONFİT DOMUZLU BÖREK

İÇİNDEKİLER

½ kıyılmış domuz eti

1 bardak tatlı şarap

2 dal biberiye

2 dal kekik

4 diş sarımsak

1 küçük havuç

1 küçük soğan

1 domates

tatlı zeytinyağı

kaba tuz

İŞLEME

Domuz etini bir fırın tepsisine yayın ve her iki tarafını da tuzla tatlandırın. Ezilmiş sarımsağı ve otları ekleyin. Üzerini yağla kaplayın ve 100 °C'de 5 saat pişirin. Daha sonra soğumaya bırakın ve etini ve derisini çıkararak kemiklerini çıkarın.

Pişirme kağıdını fırın tepsisine yerleştirin. Domuz etini bölün ve derisini üstüne yerleştirin (en az 2 parmak yüksekliğinde olmalıdır). Başka bir pişirme kağıdı yerleştirin ve üzerine küçük bir ağırlık koyarak buzdolabında saklayın.

Bu arada siyah et suyu hazırlayın. Kemikleri ve sebzeleri orta parçalar halinde kesin. Kemikleri 185°C'de 35 dakika ızgaralayın, sebzeleri yanlara ekleyin ve 25 dakika daha pişirin. Fırından çıkarın ve şarabı dökün. Her şeyi bir tencereye koyun ve üzerini soğuk suyla örtün. Çok kısık ateşte 2 saat pişirin. Karışımı boşaltın ve karışım hafifçe kalınlaşana kadar tekrar ateşe verin. Yağını gidermek.

Pastayı porsiyonlara bölün ve sıcak bir tavada derisi alta gelecek şekilde gevrekleşinceye kadar kızartın. 180°C'de 3 dakika pişirin.

YUVARLAK

Zordan çok yorucu ama sonuç muhteşem. Sonunda bozulmayı önlemenin tek yolu, sosu etin üstüne değil, bir tarafına servis etmektir.

MARKALI TAVŞAN

İÇİNDEKİLER

1 kıyılmış tavşan

80 gr badem

1 litre tavuk suyu

400 ml prina

200 ml krema

1 dal biberiye

1 dal kekik

2 soğan

2 diş sarımsak

1 havuç

10 diş safran

Tuz ve biber

İŞLEME

Tavşanı doğrayın, baharatlayın ve kızartın. Kaldırın ve rezerve edin.

Küçük parçalar halinde kesilmiş havuç, soğan ve sarımsağı aynı yağda kızartın. Safranı ve bademleri ekleyip 1 dakika pişirin.

Isıyı açın ve toprakta yıkayın. flambe Tavşanı tekrar ekleyin ve suyu ekleyin. Kekik ve biberiye dallarını ekleyin.

Tavşan yumuşayana kadar yaklaşık 30 dakika pişirin ve kremayı ekleyin. 5 dakika daha pişirin ve tuzlayın.

Flambear alkolü bir ruhtan yakar. Bunu yaparken davlumbazın kapalı olduğundan emin olun.

FINDIK SOSLU PEPITORIA KÖFTE

İÇİNDEKİLER

750 gr kıyma

750 gr kıyılmış domuz eti

250 gr soğan

60 gr fındık

25 gr kızarmış ekmek

½ litre tavuk suyu

¼ litre beyaz şarap

10 diş safran

2 yemek kaşığı taze maydanoz

2 yemek kaşığı galeta unu

4 diş sarımsak

2 adet sert haşlanmış yumurta

1 taze yumurta

2 adet defne yaprağı

150 gr zeytinyağı

Tuz ve biber

Bir kapta eti, kıyılmış maydanozu, doğranmış sarımsağı, galeta unu, yumurtayı, tuzu ve karabiberi birleştirin. Unu ve orta-yüksek ateşte bir tencerede kahverengileştirin. Kaldırın ve rezerve edin.

Aynı yağda soğanı ve küp şeklinde doğranmış diğer 2 diş sarımsağı hafifçe kavurun. Şarapla gezdirin ve azaltın. Et suyunu dökün ve 15 dakika pişirin. Köfteleri defne yapraklı sosa ekleyip 15 dakika daha pişirin.

Ayrı olarak safranı kızartın ve kızarmış ekmek, fındık ve yumurta sarısı ile birlikte havanda pürüzsüz bir macun elde edinceye kadar ezin. Güveçte ekleyin ve 5 dakika daha pişirin.

YUVARLAK

Üzerine doğranmış yumurta akı ve biraz maydanoz serperek servis yapın.

SİYAH BİRA İLE DANA KÖRFEZ

4 dana fileto

125 gr shiitake mantarı

1/3 litre koyu bira

1 dl et suyu

1 dl krema

1 havuç

1 adet taze soğan

1 domates

1 dal kekik

1 dal biberiye

Normal un

Zeytin yağı

Tuz ve biber

İŞLEME

Filetoları baharatlayın ve unlayın. Bunları bir tavada az miktarda yağ ile hafifçe kızartın. Dışarı çıkın ve rezervasyon yapın.

Küp küp doğradığınız soğanı ve havucu aynı yağda kavurun. Piştiklerinde rendelenmiş domatesi ekleyin ve sos neredeyse kuruyana kadar pişirin.

Birayı dökün, orta ateşte 5 dakika alkolün buharlaşmasına izin verin ve et suyunu, aromatik otları ve filetoyu ekleyin. 15 dakika veya yumuşayana kadar pişirin.

Ayrı olarak mantarları fileto halinde yüksek ateşte kızartın ve güveçte ekleyin. Tuzlu sezon.

YUVARLAK

Filetolar fazla pişirilmemelidir, aksi takdirde çok sert olurlar.

MADRLETIAN TRIPES

1 kg temiz işkembe

2 domuz ayağı

25 gr un

1 dl sirke

2 yemek kaşığı kırmızı biber

2 adet defne yaprağı

2 adet soğan (1 tanesi doğranmış)

1 baş sarımsak

1 pul biber

2 dl zeytinyağı

20 gr tuz

İşkembe ve domuz paçalarını bir tavada soğuk suyla haşlayın. Kaynamaya başlayınca 5 dakika pişirin.

Boşaltın ve temiz suyla yeniden doldurun. Doğranmış soğanı, biberi, sarımsak başlarını ve defne yapraklarını ekleyin. Gerekirse üzerini iyice kapatacak kadar su ekleyin ve üstü kapalı olarak kısık ateşte 4 saat veya paçalar ve işkembeler yumuşayana kadar pişirin.

İşkembe hazır olduğunda doğranmış soğanı, defne yaprağını ve kırmızı biberi çıkarın. Ayrıca bacaklarını çıkarın, kemiklerini çıkarın ve işkembe büyüklüğünde parçalar halinde kesin. Tekrar tencereye koyun.

Ayrı olarak brunoise doğranmış diğer soğanı kavurun, kırmızı biberi ve 1 yemek kaşığı unu ekleyin. Haşlandıktan sonra çorbaya ekleyin. 5 dakika pişirin, tuz ekleyin ve gerekirse kıvam ekleyin.

YUVARLAK

Bu tarif bir iki gün önceden hazırlanırsa lezzet kazanır. Ayrıca pişmiş nohutları da ekleyip birinci sınıf bir sebze yemeği elde edebilirsiniz.

ELMA VE NANE İLE KIZARTILMIŞ DOMUZ BÖLGESİ

İÇİNDEKİLER

800 gr taze domuz filetosu

500 gr elma

60 gr şeker

1 bardak beyaz şarap

1 bardak konyak

10 nane yaprağı

1 defne yaprağı

1 büyük soğan

1 havuç

Zeytin yağı

Tuz ve biber

İŞLEME

Filetoyu baharatlayın ve yüksek ateşte kızartın. Kaldırın ve rezerve edin.

Temizlenmiş ve ince doğranmış soğan ve havuç bu yağda kızartılır. Elmaları soyun ve çekirdeklerini çıkarın.

Her şeyi bir fırın tepsisine aktarın, alkolü dökün ve defne yaprağını ekleyin. 185°C'de 90 dakika pişirin.

Elmaları ve sebzeleri çıkarıp şeker ve nane ile ezin. Bonfileyi ve sosu pişirme suyuyla filetolayın ve elma kompostosuyla birlikte servis yapın.

Pişirme sırasında filetoların kurumasını önlemek için tavaya biraz su ekleyin.

Ahududu Soslu TAVUK KÖFTE

İÇİNDEKİLER

köfte için

1 kg kıyılmış tavuk eti

1 dl süt

2 yemek kaşığı galeta unu

2 yumurta

1 diş sarımsak

şeri şarabı

Normal un

Kıyılmış maydanoz

Zeytin yağı

Tuz ve biber

Ahududu sosu için

200 gr ahududu reçeli

½ litre tavuk suyu

1 ½ dl beyaz şarap

½ dl soya sosu

1 domates

2 havuç

1 diş sarımsak

1 soğan

tuz

köfte için

Eti galeta unu, süt, yumurta, ince kıyılmış sarımsak, maydanoz ve bir damla şarapla karıştırın. Tuz ve karabiberle tatlandırıp 15 dakika dinlenmeye bırakın.

Karışımdan toplar yapın ve un içinde yuvarlayın. İçlerinin hafif çiğ olmasına dikkat ederek yağda kızartın. Yağı rezerve edin.

Tatlı ve ekşi ahududu sosu için

Soğanı, sarımsağı ve havuçları soyup küçük küpler halinde kesin. Köfteleri kızarttığınız yağda kızartın. Bir tutam tuzla tatlandırın. Kabuksuz ve çekirdeksiz küçük parçalar halinde kesilmiş domatesleri ekleyin ve suyu buharlaşana kadar pişirin.

Üzerine şarap dökün ve yarı yarıya azalıncaya kadar pişirin. Soya sosunu ve et suyunu ekleyip sos koyulaşana kadar 20 dakika daha pişirin. Reçeli ve köfteleri ekleyip 10 dakika daha pişirin.

YUVARLAK

Ahududu reçeli, herhangi bir kırmızı meyveden ve hatta reçelden bir başkasıyla değiştirilebilir.

KUZU GÜVEÇ

1 kuzu budu

1 büyük bardak kırmızı şarap

½ su bardağı soyulmuş domates (veya 2 adet rendelenmiş domates)

1 yemek kaşığı tatlı kırmızı biber

2 büyük patates

1 yeşil biber

1 kırmızı biber

1 soğan

Et suyu (veya su)

Zeytin yağı

Tuz ve biber

İŞLEME

Bacağını doğrayın, baharatlayın ve çok sıcak bir tavada kızartın. Dışarı çıkın ve rezervasyon yapın.

Aynı yağda küp küp doğradığınız biberleri ve soğanı kavurun. Sebzeler iyice kızarınca bir kaşık dolusu kırmızı biberi ve domatesi ekleyin. Domates suyunu çekene kadar yüksek ateşte pişirmeye devam edin. Daha sonra kuzu eti tekrar ekleyin.

Şarapla gezdirin ve azaltın. Et suyuyla kaplayın.

Kuzu yumuşayınca önbellek patateslerini (kesilmemiş) ekleyin ve patatesler pişene kadar pişirin. Tuz ve karabiberle tatlandırın.

YUVARLAK

Daha da lezzetli bir sos için 4 adet piquillo biberi ve 1 diş sarımsağı ayrı ayrı soteleyin. Biraz güveç suyuyla karıştırıp çorbaya ekleyin.

tavşan misk kedisi

İÇİNDEKİLER

1 tavşan

250 gr mantar

250 gr havuç

250 gr soğan

100 gr pastırma

¼ litre kırmızı şarap

3 yemek kaşığı domates sosu

2 diş sarımsak

2 dal kekik

2 adet defne yaprağı

Et suyu (veya su)

Zeytin yağı

Tuz ve biber

İŞLEME

Tavşanı kesin ve havuç, doğranmış sarımsak ve soğan, şarap, 1 dal kekik ve 1 defne yaprağı ile 24 saat boyunca yumuşamaya bırakın. Zaman geçtikten sonra süzün ve bir tarafta şarabı, diğer tarafta sebzeleri ayırın.

Tavşanı baharatlayın, yüksek ateşte kızartın ve çıkarın. Sebzeleri orta-düşük ateşte aynı yağda pişirin. Domates sosunu ekleyip 3 dakika kavurun. Tavşanı geri koy. Et kaplanana kadar şarap ve et suyuyla ıslatın. Kalan kekik dalını ve kalan defne yaprağını ekleyin. Tavşan yumuşayana kadar pişirin.

Bu arada şeritler halinde kesilmiş pastırmayı ve dörde bölünmüş mantarları kızartın ve güveçte ekleyin. Ayrı olarak tavşan ciğerini de havanda ezip ekleyin. 10 dakika daha pişirin ve tuz ve karabiberle tatlandırın.

YUVARLAK

Bu yemek her türlü oyunla hazırlanabilir ve bir gün önceden hazırlanırsa daha lezzetli olur.

PIPERRADA'LI TAVŞAN

1 tavşan

2 büyük domates

2 soğan

1 yeşil biber

1 diş sarımsak

şeker

Zeytin yağı

Tuz ve biber

İŞLEME

Tavşanı doğrayın, baharatlayın ve bir tavada kızartın. Kaldırın ve rezerve edin.

Soğanı, biberi ve sarımsağı küçük parçalar halinde kesin ve tavşanın pişirildiği yağda 15 dakika kısık ateşte kızartın.

Brunoise doğranmış domatesleri ekleyip orta ateşte suyunu çekene kadar pişirin. Gerekirse tuzunu ve şekerini ayarlayın.

Tavşanı ekleyin, ateşi azaltın ve kapalı bir tavada ara sıra karıştırarak 15 veya 20 dakika pişirin.

YUVARLAK

Piperadaya kabak veya patlıcan eklenebilir.

KÖR SOSLU PEYNİR DOLGULU TAVUK KÖFTE

İÇİNDEKİLER

500 gr kıyılmış tavuk

150 gr küp küp kesilmiş peynir

100 gr ekmek kırıntısı

200 ml krema

1 su bardağı tavuk suyu

2 yemek kaşığı köri

½ yemek kaşığı galeta unu

30 kuru üzüm

1 yeşil biber

1 havuç

1 soğan

1 yumurta

1 limon

Süt

Normal un

Zeytin yağı

tuz

Tavuğu baharatlayın ve galeta unu, yumurta, 1 yemek kaşığı köri ve süte batırılmış galeta unu ile karıştırın. Birkaç top yapın, içlerini bir küp peynirle doldurun ve un içinde yuvarlayın. Kızartın ve rezerve edin.

Küçük parçalar halinde kesilmiş soğanı, biberi ve havucu aynı yağda kızartın. Limon kabuğu rendesini ekleyip birkaç dakika pişirin. Diğer çorba kaşığı köri, kuru üzüm ve tavuk suyunu ekleyin. Kaynamaya başlayınca kremayı ekleyip 20 dakika pişirin. Tuzlu sezon.

YUVARLAK

Bu köftelere ideal bir eşlikçi, dörde bölünmüş, birkaç diş sarımsakla sotelenmiş ve Port veya Pedro Ximénez'in güzel bir dokunuşuyla yıkanmış mantarlardır.

KIRMIZI ŞARAP YASTIKLAR

12 domuz yanağı

½ litre kırmızı şarap

2 diş sarımsak

2 pırasa

1 kırmızı biber

1 havuç

1 soğan

Normal un

Et suyu (veya su)

Zeytin yağı

Tuz ve biber

İŞLEME

Yanakları çok sıcak bir tavada baharatlayın ve kızartın. Dışarı çıkın ve rezervasyon yapın.

Sebzeleri brokoise doğrayın ve domuz etinin kızartıldığı yağda kızartın. İyice kaynadıklarında şarabı dökün ve 5 dakika buharlaşmasını bekleyin. Kaplamak için yanakları ve sığır suyunu ekleyin.

Yanaklar iyice yumuşayana kadar pişirin ve isterseniz sosu karıştırarak sebze parçaları kalmayacak şekilde pişirin.

Domuz yanaklarının pişirilmesi sığır yanaklarına göre çok daha az zaman alır. Sosa bir ons çikolata eklenerek farklı bir lezzet elde edilir.

COCHIFRITO NAVARRA

2 adet doğranmış kuzu budu

50 gr domuz yağı

1 çay kaşığı kırmızı biber

1 yemek kaşığı sirke

2 diş sarımsak

1 soğan

Zeytin yağı

Tuz ve biber

İŞLEME

Kuzu bacaklarını parçalara ayırın. Tuzu ekleyip yüksek ateşte bir tencerede kavurun. Dışarı çıkın ve rezervasyon yapın.

İnce doğranmış soğan ve sarımsağı aynı yağda kısık ateşte 8 dakika kavurun. Kırmızı biberi ekleyin ve 5 saniye daha soteleyin. Kuzu ekleyin ve üzerini suyla kaplayın.

Sos azalıncaya ve etler yumuşayana kadar pişirin. Sirkeyi dökün ve kaynatın.

YUVARLAK

İlk kızartma, meyve sularının kaçmasını önleyeceğinden çok önemlidir. Ayrıca, çıtır bir dokunuş verir ve lezzeti artırır.

Fıstık soslu dana güveç

750 gr incik eti

250 gr fıstık

2 litre et suyu

1 bardak krema

½ bardak brendi

2 yemek kaşığı domates sosu

1 dal kekik

1 dal biberiye

4 patates

2 havuç

1 soğan

1 diş sarımsak

Zeytin yağı

Tuz ve biber

İŞLEME

Sapı doğrayın, baharatlayın ve yüksek ateşte kızartın. Dışarı çıkın ve rezervasyon yapın.

Soğanı, sarımsağı ve doğranmış havuçları aynı yağda kısık ateşte kavurun. Isıyı arttırın ve domates sosunu ekleyin. Tüm suyunu kaybedene kadar azaltalım. Üzerine konyak serpin ve alkolün buharlaşmasına izin verin. Eti tekrar ekleyin.

Fıstıkları et suyuyla iyice ezin ve aromatik bitkilerle birlikte tavaya ekleyin. Et neredeyse yumuşayana kadar kısık ateşte pişirin.

Daha sonra soyulmuş ve kare şeklinde kesilmiş patatesleri ve kremayı ekleyin. 10 dakika pişirin ve tuz ve karabiberle tatlandırın. Servis yapmadan önce 15 dakika dinlenmeye bırakın.

YUVARLAK

Bu et yemeği pilavla birlikte servis edilebilir (bkz. Pilav ve Makarna bölümü).

YANMIŞ DOMUZ

İÇİNDEKİLER

1 yavru domuz

2 yemek kaşığı domuz yağı

tuz

İŞLEME

Yanmamaları için kulakları ve kuyruğu alüminyum folyo ile kaplayın.

Bir fırın tepsisine 2 tahta kaşık koyun ve domuzu yüzü yukarı bakacak şekilde kabın tabanına temas etmeyecek şekilde yerleştirin. 2 yemek kaşığı su ekleyip 180°C'de 2 saat pişirin.

Tuzu 4 dl suda eritin ve her 10 dakikada bir domuzun içini boyayın. Daha sonra ters çevirin ve süre dolana kadar su ve tuzla boyamaya devam edin.

Tereyağını eritin ve cildi boyayın. Fırını 200°C'ye yükseltin ve 30 dakika daha veya kabukları altın sarısı ve gevrek oluncaya kadar pişirin.

YUVARLAK

Meyve suyunu cildinize bulaştırmayın; çıtırlığını kaybetmesini sağlayacaktır. Sosu tabağın altına servis yapın.

Kavrulmuş Lahana Eklemi

İÇİNDEKİLER

4 eklem

½ lahana

3 diş sarımsak

Zeytin yağı

Tuz ve biber

İŞLEME

Sapları kaynar suyla örtün ve 2 saat veya tamamen yumuşayana kadar pişirin.

Sudan çıkarın ve az miktarda yağ ile 220°C'de altın rengi olana kadar pişirin. Mevsim.

Lahanayı ince şeritler halinde kesin. Bol kaynar suda 15 dakika kadar pişirin. Boşaltmak.

Bu arada doğranmış sarımsağı az yağda kavurun, lahanayı ekleyip kavurun. Tuz ve karabiber serpin ve kavrulmuş inciklerle birlikte servis yapın.

YUVARLAK

Saplar çok sıcak bir tavada da yapılabilir. Her tarafı iyice kızarsın.

AVCI TAVŞAN

1 tavşan

300 gr mantar

2 su bardağı tavuk suyu

1 bardak beyaz şarap

1 dal taze kekik

1 defne yaprağı

2 diş sarımsak

1 soğan

1 domates

Zeytin yağı

Tuz ve biber

İŞLEME

Tavşanı doğrayın, baharatlayın ve yüksek ateşte kızartın. Dışarı çıkın ve rezervasyon yapın.

Doğradığınız soğanı ve sarımsağı aynı yağda 5 dakika kadar kavurun. Ateşi arttırıp rendelenmiş domatesi ekleyin. Suyu kalmayana kadar pişirin.

Tavşanı tekrar ekleyin ve şaraba batırın. Azaltın ve sos neredeyse kuru olur. Et suyunu dökün ve aromatik bitkilerle birlikte 25 dakika veya et yumuşayana kadar pişirin.

Bu arada temizlenmiş ve ufalanmış mantarları kızgın tavada 2 dakika soteleyin. Tuzla tatlandırın ve güveçte ekleyin. 2 dakika daha pişirin ve gerekirse tuz ekleyin.

YUVARLAK

Aynı tarifi tavuk veya hindi ile de yapabilirsiniz.

MADRILEÑA DANA TERAZİSİ

İÇİNDEKİLER

4 dana fileto

1 yemek kaşığı taze maydanoz

2 diş sarımsak

Un, yumurta ve galeta unu (kaplamak için)

Zeytin yağı

Tuz ve biber

İŞLEME

Maydanozu ve sarımsağı ince ince kıyın. Bunları bir kapta karıştırıp galeta ununu ekleyin. Ayırmak.

Filetoları tuz ve karabiberle tatlandırın ve un, çırpılmış yumurta ve galeta unu ile sarımsak ve maydanoz karışımına batırın.

Panelerin iyice yapışması için elinizle bastırın ve bol kızgın yağda 15 saniye kadar kızartın.

YUVARLAK

Liflerin kırılması ve etin daha yumuşak olması için filetoları bir çekiçle ezin.

MANTARLI TAVŞAN SOSU

1 tavşan

250 gr mevsim mantarı

50 gr domuz yağı

200 gr pastırma

45 gr badem

600 ml tavuk suyu

1 bardak şeri

1 havuç

1 domates

1 soğan

1 diş sarımsak

1 dal kekik

Tuz ve biber

İŞLEME

Tavşanı doğrayın ve baharatlayın. Çubuklar halinde kesilmiş pastırmayı tereyağında yüksek ateşte kızartın. Dışarı çıkın ve rezervasyon yapın.

Aynı yağda küçük parçalar halinde doğranmış soğanı, havucu ve sarımsağı kavurun. Doğranmış mantarları ekleyin ve 2 dakika pişirin. Rendelenmiş domatesi ekleyip suyunu çekene kadar pişirin.

Tavşanı ve pastırmayı tekrar ekleyin ve şaraba batırın. Azaltın ve sos neredeyse kuru olur. Et suyunu dökün ve kekiği ekleyin. Kısık ateşte 25 dakika veya tavşan yumuşayana kadar pişirin. Yüzeyini bademle tamamlayın ve tuzla baharatlayın.

Kurutulmuş shiitake mantarlarını kullanabilirsiniz. Birçok tat ve aroma taşırlar.

BEYAZ ŞARAP VE BALDA İBERYA DOMUZ KABURGA

1 İber domuz pirzolası

1 bardak beyaz şarap

2 yemek kaşığı bal

1 yemek kaşığı tatlı kırmızı biber

1 yemek kaşığı kıyılmış biberiye

1 yemek kaşığı kıyılmış kekik

1 diş sarımsak

Zeytin yağı

Tuz ve biber

İŞLEME

Bir kaseye baharatları, rendelenmiş sarımsağı, balı ve tuzu koyun. Yarım su bardağı sıvı yağı ekleyip karıştırın. Kaburgaları bu karışımla yayın.

Etli tarafı alta gelecek şekilde 200°C'de 30 dakika kızartın. Çevirin, şarabı dökün ve 30 dakika daha veya kaburgalar kızarıp yumuşayana kadar pişirin.

YUVARLAK

Aromanın kaburgalara daha fazla nüfuz etmesi için eti bir gün önceden marine etmek en iyisidir.